Das kranke Schulsystem und seine Gesundung

Reinhold Miller

Das kranke Schulsystem und seine Gesundung

Bibliografische Information der Deutschen Nationalbibliothek
Die Deutsche Nationalbibliothek verzeichnet diese Publikation in der
Deutschen Nationalbibliografie; detaillierte bibliografische Daten sind im
Internet über http://dnb.d-nb.de abrufbar.

© 2022 Reinhold Miller

Umschlagdesign, Satz, Herstellung und Verlag:
BoD – Books on Demand, Norderstedt
ISBN 978-3-7568-4817-1

Inhalt

EINLEITUNG

Der Anlass, dieses Buch zu schreiben, war für mich Richard David Prechts *Freiheit für alle* mit dem Untertitel *Das Ende der Arbeit, wie wir sie kannten* (Ersterscheinung Frühjahr 2022). Darin enthalten sind zwei Kapitel mit den Titeln *Zeitgemäße Ziele der Pädagogik* und *Die Schulen der Zukunft*.

Seine Ausführungen und Anregungen brachten in mir Gedanken zum Thema Schule in Bewegung. So kam *mein* Titel zustande: *Das Ende des Schulsystems, wie wir es kannten* – mit der letztlich endgültigen Formulierung: *Das kranke Schulsystem und seine Gesundung.*

Mein Wissen, meine Kompetenzen und mein Motiv, darüber ein Buch zu schreiben, beruhen auf insgesamt 72 Jahren Leben in und mit der Schule: Volksschule, Gymnasium (Internat) mit Abitur, Hochschulen und Universitäten mit den Fächern Philosophie, Theologie, Pädagogik und Psychologie, Lehrer in einer Grund- und Hauptschule, Lehrerfortbildner und Schulberater im Auftrag eines Kultusministeriums, Ausbildung zum Kommunikationsexperten und Therapeuten, Promotion zu einem Thema aus dem Bereich der Lehrerfortbildung, bis zum heutigen Tage Einzelberatung und Leitung von Gruppen, Supervision und Coaching. Und seit vierzig Jahren bin ich zusätzlich in ähnlichen Berufen in außerschulischen sozialen Bereichen, Wirtschaft und Industrie tätig.

Meine gesamten Erfahrungen mit »Schulmenschen«, also mit Verwaltungsbeamten und Verwaltungsbeamtinnen, Lehrkräften, Schülerinnen, Schülern und Eltern mündeten in der Erkenntnis, dass sie weitaus mehr Belastungen als Entlastungen, Zeitdruck als Zeiträume, Beschwerden als Erleichterungen, stoffliche Überbordung als nachdenkliches Innehalten, Unbehagen als Behagen, Unzufriedenheit statt Zufriedenheit, Zwänge statt Freiheiten, Resignationen statt Glücksmomente haben, ergänzt durch die bitteren Informationen von Experten und Expertinnen, dass Lehrerinnen und Lehrer die größte Klientel in ambulanten und stationären Einrichtungen mit physischen und psychischen Belastungen und Krankheiten seien..

Bereits 1989, vor über dreißig Jahren, schrieb ich zur Entlastung von Lehrerinnen und Lehrern sowie zur Ermutigung das Buch *Sich in der Schule wohlfühlen* (was einen Kultusminister zu der spöttischen Bemerkung veranlasste: »Wir haben doch keine kranken Lehrer.«).

Doch, wir hatten und haben sie, was *mich* wiederum dazu veranlasste, Personen der Schulbehörde, Schulleitungen, Lehrerinnen und Lehrer, Schülerinnen und Schüler und ggf. auch Eltern hilfreich durch ungezählte Gespräche, Vorträge, Kurse und Seminare zu begleiten.

Dabei legte und lege ich auch weiterhin meine Finger in Wunden und Balsam auf Narben mit dem Ziel der Gesundung. Ich erhebe meine Stimme, wo auch immer ich es vermag, wenn ich Gleichgültigkeit, Verschleierungen, Durchsetzungsmentalität, Ideologien, Abwertungen, Missachtung, Bagatellisierung, Trivialisierung und mangelnde Professionalität entdecke.

Meinen Respekt und meine Wertschätzung gebe ich denjenigen Menschen im *System Schule*, die sich in ihrer Arbeit mit all ihren Kräften einsetzen, die ihre professionellen Kompetenzen und menschlichen Zuneigungen einbringen, ihren Beruf vorbildlich gestalten und die ihn mit Freude und hohem Engagement bis an ihre Grenzen und oft darüber hinaus ausüben. Menschen, die sich für das Wohl von Kindern und Jugendlichen einsetzen, die Vorschläge und Ideen haben, die das schwere Schulschiff in frisches Fahrwasser führen, die gegen ein System Widerstand leisten, wenn es seine Macht missbraucht.

Starke Persönlichkeiten und positive Beispiele gibt es in den Behörden, in Schulen und schulnahen Institutionen in vielen Fällen – und inzwischen, erfreulicherweise, auch Ansätze *im* System, um Änderungen herbeizuführen. Mein Dank richtet sich an alle Engagierten, Weitsichtigen, Handlungsentschlossenen und Ideenexperten.

Insgesamt aber ereignen sich die Neuansätze und zukunftsorientierten Veränderungen leider (noch) nicht flächendeckend: Zu häufig haben Ideologien das Wort, zu groß sind generelle Widerstände, zu divergierend wirken sich die politischen Vorhaben in den sechzehn Bundesländern aus, zu egozentrisch und eigennützig agieren Institutionen und Verbände, zu wenig durchdacht sind gut gemeinte Vorschläge, Wesentliches zu ändern, zu wenig finanzielle Mittel werden im gesamten Bildungsbereich ausgegeben.

Angesichts der derzeitig 11 Millionen Schülerinnen und Schüler und der etwa 800.000 Lehrkräfte scheinen die politisch Verantwortlichen nicht in der Lage zu sein, die notwendigen strukturellen, finanziellen, organisatorischen und inhaltlichen Maßnahmen für Bildung, Schule und Fortbildung zu treffen. (Gar nicht weitergedacht an die bitteren Prognosen, was den Lehrermangel in der Zukunft angeht.)

Je mehr ich mich beruflich im Schulsystem bewegte, es reflektierte und mit Personen in Kontakt kam, die darunter litten, desto mehr wurde mir bewusst, dass das *System Schule* inzwischen krank geworden ist, was mich zu dem Satz brachte: »Ein krankes System produziert kranke Menschen.«

Wenn ich von *System* spreche, dann von einer Gesamtheit von Elementen, die entweder zusammengehören (Familie, Schule, Betrieb, Gewerkschaft) oder technisch aufeinander bezogen sind (PC-System, Wirtschaftssystem, Maschinensystem).

Der Soziologe Niklas Luhmann sagte warnend: »Systeme sind selbstverliebt und dadurch nur schwer zu verändern.« Und das heißt, dass sie in ihrem Kern nach innen zusammenhalten und gleichzeitig nach außen streben – und sich deshalb grundsätzlich immer in einem inneren Spannungsverhältnis befinden.

Alfred Lorenzer hat eine ganze Reihe von Thesen über das Schulsystem aufgestellt (siehe Koerrenz, S. 35ff.), von denen ich einige (mit Kommentar) nenne, weil sie Einblicke in die Komplexität, Polarität, Differenzierung, Verletzbarkeit und Verwerfungen geben:

– »Das System ist immer stärker als ein Mensch.« Das erklärt u. a. die Schwierigkeiten der Privatschulen mit den staatlichen Schulen, weil sie grundsätzlich im Interesse der Lehrpersonen, der Elternschaft und der Schülerinnen und Schüler handeln. Die staatlichen Behörden handeln stellvertretend für die Gesellschaft.

- »Das System (re-)produziert Normativität in Gestalt von Normalität und tötet dadurch die Abweichung.« Veränderungen des Systems und Widerstand gegen das System sind nicht erwünscht.
- »Schule ist ein für Normalität maßgebender und richtungsweisender Ort.« Deshalb tun sich Veränderer und Erneuerer so schwer.
- »Das gesellschaftliche System ist konfus und eindeutig zugleich.« Was sich auch deutlich in den Schulen als Teil der Gesellschaft zeigt, wenn pädagogisch argumentiert wird. Bestes Beispiel dafür ist die Inklusion.
- »Die in der Schule agierenden Menschen sind zweitrangig. Das System ist die Person.« Und deshalb ist sie an *normativ* lernenden Menschen interessiert, nicht aber an kreativ agierenden Persönlichkeiten.
- »Lehrende scheitern am System, wenn sie sich nicht bewusst machen, dass sie selbst nur Ausführungsgehilfen in der Reproduktion der Gesellschaft sind.« Die Autonomie wird unterbunden, was sich vor allem in den zahlreichen Schulgesetzen und Verordnungen zeigt (sich in der Schule wohlzufühlen, ist nicht erwünscht).
- »Lernende sind vor systemischen Personen zu schützen.« Was ist das für ein System, vor dem man sich schützen muss? Das Hindernisse in den Weg legt statt Brücken bauZ, das krank macht statt Gesundheit zu fördern, das gesellschaftliche Interessen in den Vordergrund stellt und Menschen für zweitrangig erklärt. Und das in sich sowohl konfus als auch eindeutig ist – oder es vorgibt – und dadurch *system*atisch Menschen und ihre Absichten und Ziele zerstört – und meilenweit von der ursprünglichen Bedeutung: scola = Ort der Muße und Ruhe entfernt ist.

Wenn sie nicht geschützt werden, die Menschen in der Schule, entwickeln sie Krankheitssymptome im und durch das System, zum Beispiel weil
- *Kultusministerien* Obrigkeitsdenken, Durchsetzungsstrategien und Rechtsvorschriften majorisieren statt kooperativ zu handeln.
- *Schulbehörden* sich als Schulaufsicht verstehen statt als schulische Beratungsstellen
- *Schulleitungen* ihre Führungskompetenzen einschränken müssen und

Diskurs und Vereinbarungen durch behördliche Vorschriften unterbunden werden

- *Lehrerinnen und Lehrer* pausenlos (!) und weit über ihre Grenzen hinaus agieren müssen und sie zu wenig Unterstützung in ihrem Alltag bekommen: Personalmangel, zu große Klassen, ungünstige Arbeitsbedingungen, Zeitdruck, Lehrplandominanz, Sandwichzustände, Ausleseverfahren, Benotungszwang, finanzielle Engpässe.

- *Schülerinnen und Schüler* durch überfrachtete Lehrpläne, lernfeindliche Arbeitszeiten, undurchsichtige Benotungen, realitätsferne Reglementierungen und mangelhafte Transparenz überfordert und psychisch belastet werden.

- *Eltern* die Schule meiden; nur zu Beschwerden in die Schule kommen, das Thema Schule Stress auslöst und sie sich zwischen dem System Schule und sich in ihren eigenen und den kindgemäßen Ansprüchen eingezwängt fühlen.

Insgesamt wird deutlich, dass diese Art Schulsystem primär nicht für die Personen da ist, die in ihm tätig sind, sondern dass – leider – gesagt werden muss: *Es ist (hauptsächlich) für die Bedürfnisse der Gesellschaft unter staatlicher Aufsicht da:*

Die Stoffpläne sind entsprechend danach ausgerichtet. Es herrscht Schulpflicht. Schulschwänzen ist Normalität. Bildung dient dem Erwerb der Arbeit und der Zunahme des Kapitals. Der Anspruch, dass alle gleichmäßig behandelt werden, hat Priorität.

- *Die Leitfrage* seit Jahren lautet: Wie motiviere ich Schüler und Schülerinnen (um zu gesellschaftlichen Zielen zu gelangen)? Die Kinder und Jugendlichen »lernen für das Leben«. Ob sinnvoll oder nicht. (Wie sieht dieses spätere Leben aus?)

- Das »Kein Bock auf Schule« der Kinder und Jugendlichen wird bagatellisiert. (Es werden zu wenige von deren Botschaften eruiert und analysiert.)

- Für viele hat Schule keinen Sinn. (Zitat einer Gymnasiastin: »Die Schule ist für mich nicht gut genug.«)

- Die Kinder und Jugendlichen werden auf die *Erwerb*sarbeit vorbereitet. (Das ist zu wenig und diese Zielorientierung zu eng.)
- Sie erfahren Verständnis, Zuwendung, Betreuung, Unterstützung. (Wie wohltuend, dass auf der Beziehungsebene Empathie spürbar ist.)
- Immer noch Realität: Tafelbenutzung, Anschriebe, Abschriften, Strafaufgaben (alte Muster werden hartnäckig »verteidigt«).
- Die Schule ist ein Ort der Auslese mit dem Mittel der Benotung. Und die Tatsache, wie subjektiv und relativ sie ist, scheint kaum bekannt zu sein.
- Die Wochenarbeitszeit der Jugendlichen ist höher als die der Erwachsenen (Kinderarbeit durch die Hintertür).
- Das Lehren bestimmt das Lernen und wird in *Stunden*plänen organisiert. (Es muss umgekehrt sein: Ich kann nur lehren, wenn ich über das Lernen Bescheid weiß, siehe auch Teil 2: *Veränderungen*.)
- Die meisten Kosten von Eltern für die Schule sind Zahlungen für den *Nachhilfe*unterricht.
- Lehren, Belehren, Beibringen sind Methoden, die zu kurz greifen, Freude, Lust, Neugier und Interesse schwinden im Lauf der Schulzeit (Stoffvermittlung hat Priorität).
- Pauken wird zur Gewohnheit – und das rasche Vergessen auch. Sitzenbleiben wird als notwendige didaktische Maßnahme akzeptiert (mit bekanntermaßen »Nullerfolg«).
- Der vergebliche Versuch, den Begriff Kompetenzen mit Inhalten zu füllen, angesichts der Prognose, dass die derzeit Lernenden etwa 90 Jahre alt werden, ist letztlich gescheitert (Ausnahmen bestätigen die Regel).

Seit Jahrzehnten ist die Dreifacherkenntnis unverändert, warum Kinder und Jugendliche in die Schule gehen:

1. Um Freundinnen und Freunde zu treffen und mit ihnen beisammen zu sein.
2. Weil es dort nette, hilfreiche und gute Lehrer/innen gibt.
3. Weil es dort etwas Neues, Tolles, Interessantes zu lernen gibt.

Zweimal also sind es zwischenmenschliche Beziehungen und einmal die

Sache, die in der Schule dominieren. (Die Pandemie zeigt u. a. deutlich, dass nicht das Home-*Learning* das größte Problem der Kinder und Jugendlichen ist, sondern die Home-*Isolierung* sowie der Mangel an Sozialkontakten in der Schule und anderswo.)

Die oben genannten Thesen A. Lorenzers sind äußerst präzise formuliert und zeigen die Systemwirklichkeit der Schulen unter dem Aspekt staatlicher und gesellschaftlicher Einflüsse und Vorgaben. Das bedeutet jedoch nicht, dass Systeme *grundsätzlich* so sind.

Ich schreibe auch deshalb bewusst von *kranken*, nicht aber von *toten Systemen*. Sie haben durchaus auch funktionierenden und erfolgreichen Charakter, und sie sind »kein Sand im Getriebe«. Wir kennen Begriffe wie: Der Motor läuft wie geschmiert. Die Maschine läuft rund. Das System funktioniert einwandfrei.

Merkmale eines *gesunden* Schulsystems sind demnach:

Die Personen arbeiten mit Freude und Zuversicht. Sie schätzen und unterstützen sich gegenseitig, sind interessiert an der Sache. Sie kommunizieren und kooperieren offen, vertrauensvoll und sind authentisch. Absprachen und Vereinbarungen werden ausgehandelt und eingehalten. Die Einzelnen übernehmen – ihrer Fähigkeit entsprechend – Verantwortung. Die Fluktuation ist gering, die Krankheitsquote ebenfalls. Und auch hier gibt es eine *Trias*:

Vertrauen statt Verordnungen, Empathie statt Durchsetzung, Verstehen statt Bewerten. Und es bedarf der Zusammenarbeit und aufeinander abgestimmter, differenzierter Aktionen von Staat, Gesellschaft und Schulen, damit aus dem *kranken System Schule ein gesundes werden* kann, das in Gegenwart und Zukunft förderlich ist. Und das sich zu einem *Schulsystem* entwickelt, das wir bisher *so* nicht kannten (!), weil es vor allem die *Menschen* umfassend im Auge behält und ihnen die Möglichkeit gibt, Sinn in ihrem Tun zu finden und entsprechend ihr Leben zu gestalten (siehe auch Precht, S. 459 ff.).

In 36 Stationen zeige ich die Prozesse von der Stagnation bis hin zur Gesundung:

Die Stagnationen signalisieren, dass wir an alten Mustern hängen, an Vertrautem. Aber auch, dass wir die Notwendigkeit der Veränderungen nicht wahrhaben wollen, dass wir uns sicher fühlen durch Beharren und manchmal die Augen verschließen, um nicht ansehen zu müssen, wie unsere eigene Zukunft gefährdet ist und wir dadurch den Einfluss in der Welt, in der wir leben, verlieren.

Der Preis ist zu hoch, wenn wir die Stagnationen nicht als *conservare* (lat.: bewahren) begreifen, sondern als Entwicklungsverhinderung. Es gilt, unseren Wurzeln das Wachstum zu ermöglichen.

Die Veränderungen sind deshalb notwendig und zeitlich unaufschiebbar, weil durch die Globalisierung, die Digitalisierung, das Internet und die mangelnde Nachhaltigkeit bis ins Innerste unser gesamtes »Bildungs-« und Schulsystem tangiert, gefährdet und dadurch in die Wirkungslosigkeit getrieben wird, wenn wir sie nicht ernst nehmen und nicht in das Zentrum unserer Lebenswirklichkeit nehmen.

Zudem leben wir in einer Mehrgenerationensituation, die unser Zusammenleben extrem beeinflusst und hohe persönliche Anforderungen an uns stellt: von Urenkeln bis Urgroßeltern im Zeitraum von etwa 90 bis 100 Jahren in Multibeziehungskonstellationen! Und auch die gesamte Arbeitsvielfalt und die Arbeitsgewohnheiten werden auf den Kopf gestellt. Deutliche Anzeichen sind jetzt schon mit gravierenden Auswirkungen auf den Lehr(er)beruf und das individuelle und kreative Lernen unserer Kinder und Jugendlichen erkennbar.

Die Krankheiten zeigen erschreckend das Ausmaß, wie sehr das *System* Schule unsere Lebenschancen aufs Spiel setzt, und zwar die aller Beteiligten, in den Behörden, den einzelnen Schulen und im Elternhaus. Nicht: »Was machen wir falsch?«. Die Antwort: Es gar nicht erst es so weit kommen zu lassen …

Die Gesundungen geben der *Schule* wieder den nötigen Atem, vernichten das jetzige *kranke System*, das unnütz, unattraktiv, menschenunfreundlich und pädagogisch handlungsunfähig geworden ist und das sich mehr der Gesellschaft verpflichtet fühlt als den einzelnen Menschen in allen schulischen und schulnahen Bereichen.

Meine Gesundungsvorschläge stärken die Selbstverantwortung der Betroffenen, schaffen Raum für notwendiges freies Agieren und ermöglichen

Kooperation für zielgerichtetes Handeln. Ziele sind ein zufriedenes bis glückliches Leben unserer Kinder und Jugendlichen, ein erfülltes Berufsleben unserer Lehrerinnen und Lehrer, eine selbstbestimmte Arbeitszeit für alle und ein sinnvolles Sein inner- und außerhalb der Schule.

* Ich bin auf dem Weg in eine Schule. Ein Junge überholt mich. Ich passe mein Tempo dem seinen an, frage ihn, warum er es so eilig habe, und bekomme zur Antwort: »Damit ich nichts verpasse.«

Eine Schule ist dann gesund, wenn die Kinder und Jugendlichen zusammen mit ihren Lehrerinnen und Lehrern mit Freude und Neugier in das »Haus des Lernens« gehen *dürfen*, sie dort von Menschen mit dem Ziel betreut und begleitet werden, in der Gegenwart zurechtzukommen, und in die Zukunft hinein vorbereitet sind. Eine Schule des Lernens ist offen für diejenigen, denen das Lernen Heimat ist und ihnen Sinn gibt.

Meine Stationen beziehen sich auf die Schule und die sie umgebenden Wirklichkeiten, mit dem Ziel, dass die Menschen diese selbstständig, kommunikativ, kooperativ und somit erfolgreich gestalten können.

Was uns die nächsten Jahre, Jahrzehnte begleiten wird, so meine Vermutung: Die unsägliche *Trias*: (1) Coronavariationen (2) Kriege und globale Grenzüberschreitungen (3) die Zerstörung unseres Planeten Erde. Wir brauchen, bleibend, eine gesunde Schule, die uns in dieser Trias beim Über- und Weiterleben begleitet, eine Schule der Freiwilligkeit und Sinnhaftigkeit, keine Schule, die man absitzt; nicht nur eine Schule als Lernort, keine Schule *für* das Leben, sondern eine Schule *als* Lebensort.

Teil 1: STAGNATIONEN

»Das war schon immer so!« – War es das?

»Konservativ ist mir Fortschritt genug.« Diesen Satz höre ich öfter, ernst gemeint als Verteidigung von Gewohntem oder manchmal auch als spöttischen Konter.

Es braucht weder die Verteidigung noch den Konter, um zu erkennen und einzusehen, wie grundsätzlich wichtig das Bewahren ist und wie schlimm, wenn Verlieren und Loslassenmüssen geschehen, im Kleinen wie im Großen:

* Meinen Teddybären, den ich lieb gewonnen hatte, mit vier Jahren. Ich habe ihn bis heute noch, 75 Jahre lang.
* Meine Frau wurde als junges Mädchen aus ihrer Heimat vertrieben, nur mit einem Köfferchen in der Hand. Aus ihrem Kinderzimmer konnte sie nichts mitnehmen.
* Frau N. hätte so gern ihre Liebe zu ihrem Mann bewahrt. Sie ist ihnen abhandengekommen.
* Der Vater will die Firma behalten, in der vierten Generation. Der Sohn will andere Wege gehen.
* Herr T., dem KZ entkommen, konnte sich seine Wertschätzung Deutschen gegenüber in seinem Herzen bewahren: »Es waren nicht alle so.«
* Es gibt das Wort »aufbewahren«. Es verwendet jemand, der etwas Schönes, Wertvolles, Wichtiges, Kostbares nicht verlieren will – und oft auch einen entsprechend angemessenen Ort sucht.
* Gewinn und Schmerz begegnen sich auch im Großen: In der Politik zwischen den Parteien; in der Wirtschaft zwischen den Konzernen; in der Industrie zwischen Arbeitgeber und Arbeitnehmer; im Sport zwischen Fußballern und Vorständen; in der Kunst zwischen Tradition und Moderne.

Der Satz ist allgemeingültig, wenn gesagt wird: Ich bewahre *mir*, weil …
- mir jemand oder etwas wichtig, nahe und zur Heimat geworden ist.
- ich mich sicher, geborgen, geschützt fühle.
- das Festhalten Gewinn und das Loslassen und die Trennung Verlust sind und schmerzen.

Das Loslassen und sich auf Veränderungen einlassen zu können ist bisweilen äußerst ambivalent, was die meisten von uns beim Umziehen in eine andere Wohnung sehr realistisch erleben: Was geben wir ab, was werfen wir weg, was entsorgen wir (wie unterschiedlich doch die Verben sind!) und was behalten wir (unbedingt) und geben es nicht her?

Der Begriff Stagnation weist in eine andere Richtung im Gegensatz zum Bewahren, nämlich in Richtung Stillstand – und dies bedeutet Bewegungstod (= Herzstillstand) und damit das Ende jeglicher Bewegung, auch im System Schule, in dem *Menschen* leben.

Nachfolgend zeige ich neun Stationen auf, die zumindest die Gefahr der Entlebendigung in sich tragen.

Bürokratie

»Ein Kind ist kein Aktenordner«, schreibt Joachim Bauer (Lob der Schule, S. 13). Und weiter: »Die Akteure der Schulbürokratie tun, was Bürokraten gerne machen: Sie greifen zu bürokratischen Maßnahmen. Konkret: Sie versuchen, das Problem mit Standards und Kontrollen zu lösen.« (Ebd.)

Weil ich keine Abwertungen mag und der Begriff »Bürokraten« in diese Richtung bei den meisten geht, verwende ich die Begriffe Verwaltung und Verwaltungsbeamte und Verwaltungsbeamtinnen oder, außerhalb des Staatsdienstes, Funktionen von Personen, die sich um die Einhaltungen von Vorschriften und Regelwerken kümmern (Begriffsklärung: »Büro-Kraten«, kratein, gr. = herrschen, sind Herrscher der Büros = franz. Amtszimmer).

Verwalten hat etwas mit Vertrauen zu tun, denn: Ich verwalte das, was mir jemand anvertraut: Meine Finanzen, meine Wohnung, meine Interessen, mein Unternehmen. Deshalb behagt mir der Begriff Verwaltung weitaus mehr als das Wort Bürokratie.

Was das *System Schule* und *Schule* als Lernort angeht, stehen die beiden in einem Konflikt: Hier die Menschen mit ihren Bedürfnissen, Anliegen, Prozessen, Aktionen und Interaktionen, Zielen, Wünschen, Vorhaben und Herausforderungen – dort Menschen, die bestrebt sind, Bestehendes zu verwalten, Ordnung zu schaffen, sie herzustellen, auf Einhaltung von Vorschriften und Regeln zu achten, Mahnungen, Abmahnungen, Sanktionen auszusprechen oder gar Rechtsverletzungen zu ahnden.

Es begegnen sich Personen auf der Beziehungs- und Sachebene, auf den ersten Blick unvereinbar, streitbar widersprüchlich, notwendig … wobei jede Seite unterschiedliche Positionen, Wahrnehmungen und Anspruch auf »Richtigkeit« hat. Das Interessante und Spannende dabei ist: Wer Regeln »erfindet« und sie aufstellt, ist ein »Regelwerker«. Wer sich für Schülerinnen und Schüler einsetzt, ist ein »Schulwerker«, auch Lehrer genannt. Und wenn beide »als Schuster bei ihren Leisten bleiben«, gibt es keine zufriedenstellenden Lösungen, sondern Stagnationen.

* Ich habe in meiner Zeit, in der ich sowohl in einem Kultusministerium als auch in der Lehrerfortbildung tätig war, öfter zwischen Regel- und Schulwerkern vermittelt. Am schwierigsten war es immer dann, wenn beide auf ihren Standpunkten verharrten und zugaben, von jeweils der anderen Seite wenig zu wissen und wenig zu halten. Das heißt: Ohne gegenseitigen Respekt geht es nicht.

* Ein Regelwerker und ein Schulwerker halten sich in einem Wald auf, wissen nichts voneinander, stoßen aber – rein zufällig – in der Dunkelheit gleichzeitig auf ein Ungetüm. Aus Vorsicht strecken sie die Arme aus, betasten es und setzen ihren Weg fort. Als es hell wird, begegnen sie sich, stapfen nebeneinander her, bis der eine sagt: »Mir ist heute Nacht ein Ungetüm begegnet. Ich konnte es nur betasten. Muss ein Tier gewesen

sein mit einem Rohr.« Darauf der andere: »Das mit dem Rohr kann nicht stimmen. Das war ein dünner Pinsel, den ich ertastete.« Da wurden beide stutzig, schauten sich an und begannen, schallend zu lachen ...

So ist das mit den verschiedenen Wahrnehmungen und Wirklichkeiten, auch in den Behörden und Schulen, in der Verwaltung und in den Lernstätten. Können beide kompatibel sein? Kommen beide zusammen, trotz verschiedener Wahrnehmungen, Positionen, Aufgaben und Tätigkeiten?

Der Kernsatz lautet: Nicht der Mensch ist für die Verwaltung da, sondern die Verwaltung für den Menschen. Beide haben Berechtigung:

* Ich besuche einen Freund im Schulamt, höre sein Telefonat kurz mit. Als er es beendet, spreche ich ihn auf seine Freundlichkeit an. Erfreut antwortet er mir spontan: »Jeder, der mich anruft, ist ein Mensch.« Wie wahr!

Dem Namen nach gibt es die Schul*aufsichts*behörde, was die Tätigkeiten allerdings betrifft, ist ein Schulamt wesentlich breiter »aufgestellt«:
- Verwaltung: alle administrativen Tätigkeiten im Gegensatz zu den operativen (ausführenden) Tätigkeiten in der Schule
- Kommunikation: Beratung, Anhörung, Klärung mit Schulleitungen, Lehrpersonen, Eltern, Schülerinnen und Schülern und Öffentlichkeitspersonen (persönliche und fachliche Anliegen, Beschwerden, Vorwürfe, Widerspruch)
- Beschreibung und Bewertung des Fehlverhaltens: Mahnung, Abmahnung bis hin zur Kündigung (Angestellte) bzw. Entlassung (Beamte)
- Prozesse: diverse Maßnahmen, Disziplinarverfahren, Klageverfahren, Rechtsentscheidungen, Schlichtung, Lösungsvorschläge, Vereinbarungen, Absprachen mit den Zielen Ergebnisorientierung und Effizienzsteigerung.

Für alle diese Tätigkeiten sehe ich überhaupt keinen Grund für die Bezeichnung »Schul*aufsichts*behörde.«

Schon längst wird diskutiert, wie die Bürokratie verschlankt werden kann und die Hierarchien flacher werden. Aus meiner Sicht genügt Folgendes:

Die Kultusministerien der einzelnen Länder (16 an der Zahl) sind die obersten Behörden, denen die *Schulämter* zugeordnet sind (wie Gesundheitsamt, Finanzamt, Bauamt, Forstamt). Sie wiederum verwalten alle Schularten in ihrem Bezirk, so wie die Stadt*verwaltung* alles, was die Stadt angeht, *verwaltet*.

* Seit Jahren setze ich mich für die Trennung von Beratung und Aufsicht ein. Die Beratung ist durch die drei Merkmale gekennzeichnet: Freiwilligkeit, Bewertungsfreiheit und Entscheidungsfreiheit für die Beratenden, was der Aufsichtstätigkeit widerspricht und sogar manchen Beratenden nicht bekannt ist. Deshalb passt der Name Schul*amt*, weil unter seinem Dach sowohl Beratung als auch Aufsicht, pädagogische Abteilungen wie Rechtsabteilung, Fürsorge und Begleitung Platz haben, jedoch strikt getrennt.

Eine besondere Bedeutung bekommen dabei im Miteinander von Verwaltung und Schule die Kommunikation und Kooperationen.

Waren früher der *Streit* und die *Durchsetzung* meist im Mittelpunkt der unterschiedlichen Ansichten und Rechtsangelegenheiten, so sind es nun tendenziell Fähigkeiten, wie Klarheit, Offenheit, Klärung und Vereinbarungen, d. h. statt *Streit*kultur ist es die *Gesprächs*kultur als Verbindungselement, mit dem Wunsch, zu Lösungen zu kommen, die beiden Seiten dienen = *Win-win-Situationen*, mit folgender Struktur:

- Darstellung der unterschiedlichen Anliegen
- Beachtung der Argumentation *und* der emotionalen Befindlichkeiten (= Sach- *und* Beziehungsebene)
- Mitteilung sowohl der rechtlichen Lage als auch der subjektiven Bedürfnisse
- Abwägung der Vor- und Nachteile, der Möglichkeiten und Grenzen
- gemeinsame Suche nach Lösungen, die beiden Seiten dienen

- Vereinbarungen (mit der sozialen Leistung des Gebens und Nehmens anstelle von Durchsetzung)
- Trennung im Frieden, wenn es keine Lösungen gibt, und sie an anderen Stellen und mit anderen suchen

* Aus meiner Jugend kenne ich – aus bayerischer Sicht – den Satz: »Ich hab' recht und du hast recht. Ich hab' aber mehra recht.«

Der Demokratie dienen die Verwaltungen in den Ämtern *und* die Beteiligten in den Schulen dann, wenn beide Seiten sowohl eigenständig sind als auch kooperieren, manchmal ein schwieriger Weg, angesichts der divergierenden Bedürfnisse der beiden Gruppen: die Ministerien, die Schulämter, die Schulleitungen, die Kollegien, die Schülerinnen und Schüler, die Eltern. Da haben alte Muster wie Obrigkeitsdenken, Durchsetzungsmentalität und rigide Gesetze keinen Platz. Die Zukunft des gesamten Schulwesens wird von dem Bewusstsein von Vielfalt und Gemeinsamkeit geprägt sein. Dabei spielt nicht der Dirigismus in den einzelnen Institutionen eine wesentliche Rolle, sondern die Führungskompetenz mit dem Motto: Führen kann nur derjenige, der die Zustimmung der Geführten hat, ob in den Amtsstuben oder in den Schulräumen.

* Menschen, die als Gruppe in einer Berglandschaft wandern wollen, suchen sich bzw. brauchen eine Führungsperson, zu der sie Vertrauen haben und die die Wege kennt. Die auch eruiert, ob die Beteiligten über entsprechende Ausrüstung, Verpflegung und genügend Bergerfahrungen verfügen. Ein schöner Vergleich zum Beruf Lehrerinnen und Lehrer, wie ich finde. Und aus dem Stillstand werden Bewegungen.

* In einer Behörde sehe ich an der Türe eines Zimmers ein Schild mit dem Text: »Hier sind nur konstruktive Gespräche erwünscht!« Ich klopfe an. Der Beamte erkennt mich und ist über meine Mitteilung erstaunt, dass mich sein Motiv der Aufschrift interessiert, und gibt mir, sichtbar gern, Auskunft, »weil die meisten Anliegen Beschwerden sind und diese wiederum häufig vorwurfsvoll, destruktiv und beleidigend. Konstruktive Dialoge sind eher selten.« Ich kann ihm einige Empfehlungen geben – und sichtlich erleichtert verabschiedet er sich.

Bürokratie ist Stillstand, Verwaltung ist Sach- und Beziehungsbegegnung.

Verbeamtung

In diesem Begriff steckt auch das Wort *Amt,* d. h., dass ein Beamter ggf. auch ein Amt einnimmt, wie etwa zurzeit 750.000 Lehrerinnen und Lehrer in der BRD (von ca. 800.000). Sie sind sogenannte Staatsbedienstete mit Pflichten und Rechten, Vor- und Nachteilen.

Zum Vergleich: In der BRD gibt es etwa 13,5 Prozent Beamte, in Dänemark am meisten mit insgesamt 31 Prozent. In den einzelnen Bundesländern ist der Anteil der verbeamteten Lehrpersonen im Verhältnis zu den Angestellten unterschiedlich, am häufigsten in Berlin.

Laut Grundgesetz, Art. 7 (1), »steht das gesamte Schulwesen unter Aufsicht des Staates«, vor allem mit der Absicht, die damit verknüpfte Vermittlung der Bildung zu garantieren. Dies ist der Urgrund dafür, dass Lehrerinnen und Lehrer mit folgenden Pflichten und Vorschriften verbeamtet werden: Treuepflicht, Gehorsamspflicht, Dienstleistungspflicht, Fortbildungspflicht, Einhaltung von Dienstzeiten, Pflicht zum Wohlverhalten, Streikverbot. Obrigkeitsmentalität und Untertanenverhalten reichen sich hier die Hand, und für die Erledigungen von Pflichten gibt es auch »Belohnungen« durch eine Reihe von Vorteilen. Was mich an meine Kindheit erinnert oder an die Smilies für die braven und fleißigen Kinder in der Schule: Keine Sozialversicherungsabgaben, höherer Nettoverdienst im Vergleich zu Angestellten, Beihilfe zur Krankenversicherung, Unkündbarkeit (außer bei erheblichen Dienstvergehen und bei Freiheitsstrafe), Beamtenpension.

Es gibt eine Überprüfung, ob die jeweilige Person »beamtengeeignet« ist (körperlich, geistig, berufstauglich), und nach Zustimmung erfolgt die Ablegung eines Amtseides.

Die Diskussion »für oder gegen« das Beamtentum tendiert zur Abschaffung. Skeptiker bringen die Lobbyisten ins Spiel und sehen keine Chancen, Realisten akzeptieren den Vorschlag, Personen mit »hoheitlichen Aufgaben« (Richter, Polizisten, beim Zoll Tätige) zu verbeamten.

Vor- und Nachteile, Privilegien, Traditionen hin und her: Ich sehe keinerlei Gründe dafür, Personen im gesamten Schulsystem in das Beamtenverhältnis zu übernehmen, weil sowohl die administrativen als auch die operationalen Aufgaben weder hoheitlich noch »pflichteidig« sind, sondern ethische und berufliche

Selbstverständlichkeiten wie in anderen Berufen auch. Es braucht vonseiten des Staates keine Verlockungen (= Verbeamtung mit Privilegien), um die Menschen in den Staatsdienst aufzunehmen, sie zu überwachen, sie gefügig und gehorsam zu machen und sie zu belohnen.

Es genügen die üblichen Arbeitgeber-Arbeitnehmer-Verträge mit ggf. zusätzlichen Vereinbarungen. Und statt Angst, es würde Missbrauch herrschen, und statt Misstrauen, es würden Grenzen überschritten werden, ist das gegenseitige Vertrauen *das* verbindende Element schlechthin.

* In meinem ersten Berufsjahr als Lehrer teilte uns der Schulleiter mit, dass morgen der Schulrat käme – mit der Bemerkung: »Kommen Sie bitte pünktlich!« – und ich mich nicht enthalten konnte, zu sagen: »Das bin ich jeden Tag.«

In all meinen Berufsjahren hatte ich nie den Gedanken, in Treue und Gehorsam meinen Beruf auszuüben. Ich hatte eher in meinem Kopf und Herzen die Worte Verantwortung, Verlässlichkeit, Achtung, Respekt und Gutsein zu meinen Schülerinnen und Schülern, meinen Kolleginnen und Kollegen.

Einzig das Streikverbot bedauerte ich bisweilen, hielt mich aber nie zurück, deutlich zu bestimmten Vorhaben und Ankündigungen meine (divergierende) Meinung zu sagen.

Ich sehe auch keinen Grund, Lehrerinnen und Lehrer zu verbeamten, wenn ich an deren berufliche Kompetenzen im Vergleich mit ähnlichen Berufen denke:

Schule	Personalberatung Kienbaum
Selbstkompetenz	Eigenmotivation
Beziehungskompetenz	Teamfähigkeit
Gesprächskompetenz	Lernbereitschaft
Fach-/Sachkompetenz	Kommunikationsstärke
Organisationskompetenz	Zielorientierung
soziale Kompetenz	Kontaktfähigkeit
Belastbarkeit	Belastbarkeit
Wertschätzung und	Mobilität
Abgrenzungsfähigkeit	Selbstkritik

Die Problematik sehe ich darin, dass der (inzwischen) weitgefächerte Beruf »Lehrer« mit den oben genannten Kompetenzen *derzeit* in keiner Weise durch die Aus- und Fortbildung (Pflicht!) gewährleistet ist. Schwerpunkte sind immer noch die Fach- und Allgemeine Didaktik, und erst allmählich geraten andere Kompetenzen in den Blickpunkt. Lehrersein heute definiert sich immer noch erheblich von der Lehrerrolle früherer Zeiten. Stillstand gibt es dann, wenn sie statisch bleibt und sich nicht zeitgemäßen Anforderungen stellt. Insider sprechen schon längst vom Allrounder in der Breite von Lehrersein und Sozialarbeiter, was in der Konsequenz bedeutet, dass grundlegend eine völlig neue und berufsspezifische Lehreraus- und -fortbildung erfolgen muss.

Wenn anstelle der Verbeamtung ein realistischer Arbeitsvertrag die Grundlage des Berufes ist, dann eröffnet es verantwortungsvolle Freiheiten für dessen professionelle Ausübung – und eine immense Entlastung für die Schulleitung, das gesamte Kollegium, die Elternschaft und die Kinder und Jugendlichen: Endlich gestalten sie »ihre Schule« nach ihren Erfahrungen, An- und Einsichten, Ideen, Möglichkeiten (und auch Grenzen) in Kooperation mit dem Schulamt und anderen externen Beteiligten (kein »Römischer Stuhl« mehr, sondern regionale Sofas!).

Enja Riegel, die langjährige Leiterin der Helene-Lange-Schule in Wiesbaden, ausgezeichnet mit mehreren Schulpreisen, sagte einmal sinngemäß:

Wir haben in unserer Schule bedeutsame Veränderungen vorgenommen, verantwortlich und innerhalb der Vorschriften. Ich habe aber nicht immer das Schulamt verständigt. Lehrerinnen und Lehrer sind nicht *zwischen* Verwaltung und Schule, sondern in Kontakt mit beiden, wenn auch in unterschiedlichen Beziehungen.

PS: Ein Abteilungsleiter einer großen Firma sagte unlängst zu mir, er bedaure das Beamtentum im Schulsystem, weil es dadurch die Konkursfähigkeit verhindere und auch Mängelzuständen Raum lassen würde.

Stoffpläne

Friedrich Wilhelm I., der Soldatenkönig, gründete 1717 in Preußen die erste Pflichtschule, um junge Menschen zu gehorsamen Untertanen zu erziehen. Es fehlten jedoch ausgebildete Lehrer, sodass Tagelöhner und vor allem ausgediente Soldaten rekrutiert wurden, die durch Schliff, Drill, unerbittliche Disziplin, militärische Strafen und einen festen Lehrplan die Kinder und Jugendlichen malträtierten.

Wilhelm von Humboldt (1767–1835) hatte das Ziel, durch die Kultivierung des Geistes und des Charakters die Schule zu einer Bildungsstätte zu machen, scheiterte aber, kurzzeitig als »Regierungsbeamter« und als Bildungsminister, kläglich.

Im 19. Jahrhundert, durch den Beginn der industriellen Revolution, entwickelten sich dann die »Volksschulen für die Massen«, nachdem bis dato nur kleine Eliten in den Genuss von »Bildung« kamen, meist durch Hauslehrer und Gouvernanten.

Erst in der Weimarer Republik sah man die Notwendigkeit zu einer allgemeinen Schulpflicht (1919, Weimarer Verfassung) für ganz Deutschland, u. a. mit dem Ziel, durch gleichberechtigte Bildung und bewusste Erziehung demokratisches Verhalten der Bürger zu erreichen.

Nach dem Zweiten Weltkrieg wurde 1949 im Grundgesetz, Art. 7 (1) festgesetzt: »Das gesamte Schulwesen steht unter der Aufsicht des Staates«, verbunden mit der Vollzeitschulpflicht (neun bis zehn Jahre) und der Berufsschulpflicht, die von liberal bis restriktiv durch die einzelnen Länder ausgeführt wurde. Sie haben die Kulturhoheit inne, mit der Absicht, den »staatlichen Bildungs- und Erziehungsauftrag durchzusetzen«, um mündige Staatsbürger in einer stabilen Demokratie zu bekommen.

In mehr oder weniger dicken Büchern, genannt Bildungs-, Lehr- oder Stoffpläne, wird den Lehrerinnen und Lehrern in allen Bundesländern mitgeteilt, welche Schul- und Hausaufgaben sie zu machen haben, von der Schulpflichtkontrolle bis zur Bildungserfüllung.

Die Schulpflicht ist immer noch in der BRD eine wesentliche Vorschrift im System Schule, obwohl inzwischen sehr umstritten: »Länder mit Schulpflicht sind weltweit eine Ausnahme«, schon allein deswegen, weil die *Normalität* ihre Ursachen in geringen Finanzen, in der Kinderarbeit, in fehlenden Schulen und Personal zu finden sind. In unserer Nachbarschaft haben Österreich, Dänemark, Italien, Polen keine Schulpflicht, wohl aber gibt es das Recht auf Schule. Es müssen jedoch Schulen sein, deren »Nahrung« nicht aus Althergebrachtem besteht (= Stillstand!), sondern aus frischen Erzeugnissen.

* Ich mache seit Jahrzehnten folgendes Experiment:
– Ich bitte Lehrerinnen und Lehrer zu Beginn des Schuljahres in einer Klasse X, einen unangekündigten Test im Fach Y durchzuführen mit nur den allerwichtigsten Inhalten aus dem letzten Schuljahr, also der zurückliegenden zehn Monate. Dauer etwa 30 Minuten. Der Test wird, wie üblich, benotet. Ihr vermutetes Ergebnis? Das meine seit Jahren: Je nach Schulart ergeben sich erfolgreiche Leistungen von durchschnittlich 12 bzw. 15 bis 30 Prozent der erarbeiteten Lehrstoffe (Kommentar von Personen, die in anderen Berufszweigen tätig sind: »Wenn unsere Ergebnisse der Produkte so minimal wären, könnten wir unseren Laden schließen.«).

Ich stimme deshalb der These von Precht zu, artikuliert in einem Vortrag vor einigen Jahren, dass der Bildungsauftrag und die zahlreichen Bildungsinhalte und Lehrstoffe zwar in deutschen Schulen in den Bildungs- und Lehrplänen zu lesen, aber die Erfüllung in den Schulen vergeblich zu finden seien.

Was haben wir uns all die Jahre geplagt, Pläne der Schulverwaltung umzusetzen, die sie uns, in Zusammenhang mit Lehrplanexperten, vorgesetzt haben.

Lehren und Lernen, eine Kombination, inhaltlich und methodisch wie vor 50 Jahren, prägen das Bildungsniveau. Wie haben wir uns bemüht, die Schülerinnen und Schüler zu motivieren (was gar nicht geht, denn diese müssen sich selbst bewegen). Und wir waren von der Notwendigkeit der Stoffvermittlung völlig überzeugt. O-Ton: »Wir müssen den Stoff durchbringen. Für Nebensächliches haben wir keine Zeit.« Fachleute sprechen inzwischen von didaktischer Bulimie: Füttern, kauen, rasch wieder vergessen (= ausspucken).

Es kann also in Zukunft keine Lehr- und Stoffpläne geben, sondern *Lern*pläne für Schülerinnen und Schüler – und auch keine Ziele, die lauten: »Die Schüler sollen …« *Wir können für andere Menschen keine Ziele haben*, aber Wünsche, An- und Herausforderungen, positive Zumutungen.

Statt »Die Schüler sollen …« muss es heißen: »Wir bieten an. Was wollt, könnt ihr lernen?« Da käme unendlich viel *Schülernahes* zum Vorschein, und zwar aus *ihrem* Leben, aus *ihren* Erfahrungen, aus *ihrem* Erleben! Mir ist nicht bekannt, dass in den Expertenteams, die für die Lehrpläne zuständig sind, Kinder und Jugendliche dabei gewesen oder befragt worden wären.

Von den Stoffplänen zu den Stundenplänen

Beispiel I: Sekundärstufe 1:

	Mo	Di	Mi	Do	Fr
1. Std.	Wi-Lehre	Deutsch	Sport	Förder-U.	Chemie
2. Std.	Deutsch	Mathe	Sport	Englisch	Deutsch
3. Std.	Mathe	Englisch	Mathe	Biologie	Mathe
4. Std.	Englisch	Erdkunde	Musik	HTW	Physik
5. Std.	Religion	Gesch./Gk.	Deutsch	HTW	Wi-Lehre
6. Std.	Sozialkd.	Politik	Kunst	HTW	Kunst

Stundenpläne dieser Art haben nichts mit Lernen zu tun, sondern sind eine Reihung von Namen von Fächern, die bestimmte Inhalte/Stoffe angeben. Das Hirn muss sich ständig auf den Wechsel der Themen einstellen in 30 x 45er-Unterrichtsstunden pro Woche. Doppelstunden, Blockunterricht, Projekte, Kurse und Seminare sind selten. Das Hirn wehrt sich vehement gegen den Unsinn, dass die einzelnen Stunden 45 Minuten dauern: Für die einen stimmig, für die anderen zu wenig oder zu viel!

(N. B.: In Berlin werden die einzelnen Stunden derzeit auf 40 Minuten verkürzt, um die Stundenzahl pro Tag zu erhöhen, und es wird immer noch zwischen Zeit- und Unterrichts*stunden* unterschieden.

* Wenn Sie Zeit haben: Lassen Sie diese 30 Stunden Revue passieren, in Erinnerung an Ihre eigene Schulzeit als Schülerin/Schüler – und an die jetzige, wenn Sie Schülerin/Schüler *wären*. Ihre Empfindungen, Gedanken, Wünsche? (Lehrerinnen und Lehrer »unterrichten zu wenige *Fächer*«, so heißt es immer noch.)

Übrigens: Der 45-Minuten-Takt für die Unterrichtsstunde wurde vom preußischen Kultusminister von Trott zu Solz im Jahre 1911 eingeführt – und hat sich bis heute gehalten (siehe J. Falck, 2022)!

In Zukunft werden einige Fächer entfallen (Chemie, Physik, Biologie ...) und insgesamt in Themenbereiche wie »Natur«, »Umwelt«, »Nachhaltigkeit« angesichts der Realität in einigen Jahren integriert werden: Naturzerstörung, Nahrungs- und Wassermangel.

Zudem wünsche ich mir Fächer, Themen, die für das Heute und die kommenden Zeiten lebensrelevant sind: Selbstbewusstsein, Belastbarkeit, Lebenskunde, Lebensgeschichte, Empathie, zwischenmenschliche Beziehungen, Konfliktregelungen, Management, Alltagskunde, Elternschaft, Politik u. ä. m.

* Meine Tochter, damals etwa 15 Jahre alt, sagte beim gemeinsamen Frühstück: »Heute habe ich sechs Stunden, die teile ich mir ein. In Mathe bin ich zum Mitmachen noch zu müde, Bio gefällt mir, Englisch weiß ich nicht, nach der Pause zwei Stunden Deutsch, mein Lieblingsfach, Chemie am Schluss mit halbem Hirn.«

Sie hat – zu ihrem »Hirnschutz« und aus persönlichem Interesse – selbst entschieden, wie sie mit der Sechserfülle gesund umgeht.

Nun kommt es aber auch darauf an, *wie* die Tätigkeiten der Schülerinnen und Schüler aussehen, vor dem Hintergrund der didaktischen Angaben der Lehrerschaft, und davon, wie sie in der Lage sind, diese Anhäufung überhaupt zu bewältigen. Ich habe ihnen über die Schultern geguckt:

1. Std.: AB gelesen, AB allein bearbeitet, AB im Plenum besprochen

2. Std.: Diskussion im Plenum, Text allein gelesen, Text von der Tafel abgeschrieben

3. Std.: Besprechung (Plenum, Tafel), Alleinarbeit, Besprechung im Plenum

4. Std.: Text vorgelesen (Plenum), Regeln erarbeitet (Plenum), AB allein bearbeitet

5. Std.: Diskussion im Plenum, AB zu zweit bearbeitet, Besprechung im Plenum

6. Std.: Film gesehen, ohne Kommentare und Diskussionen …

Keinerlei Abstimmungen der Lehrer untereinander über die von ihnen gewählten Methoden. So erklärt sich deren Monotonie und die Langeweile der Schülerinnen und Schüler von selbst.

Beispiel II.: Gymnasium, Klasse 11, sechs Unterrichtsstunden:

Englisch: Slavery in the South, Physik: Trägheitsgesetz, Ethik: Toleranz, Erdkunde: Kollisionsgebirge Himalaja, Mathe: Nullstellen, Deutsch: Vater-Sohn-Problematik bei Kafka.

Didaktischer Hürdenlauf und Zickzack-Läufe der Gehirne mit Interessenkollisionen der Bewegungsarmen: Wann können sie wie und wie lange bei welchen Themen interessiert und konzentriert (mit-)arbeiten? Wann schalten sie ab, wie sehen ihre »Störaktionen« aus? Wie viele treten den stillen Rückzug an?

Als die Ethiklehrerin zwei Tage später wieder an das Thema »Toleranz« anknüpfen will, sagte ein Schüler:»Frau X, Toleranz haben wir doch schon am Mittwoch gemacht.«

* In meinen Fortbildungen geht es u. a. auch um die Beziehungen in den Gruppen und um die Leistungen und Mitarbeit der Schülerinnen und Schüler in den einzelnen Fächern. Ich biete einen Selbsterfahrungsvormittag an, um Unterricht live zu erleben:

Einmal in der Seminarreihe halte ich, angekündigt, einen Unterricht von sechs Schulstunden mit sechs Fächern, 8.00 bis 13.10 Uhr, um (wieder einmal) »Schüler-Erfahrungen« machen zu lassen. Ich fungiere als Lehrer, mit sechs verschiedenen Fächern, mit normalen Pausenzeiten, klaren Ansagen, Frontal-, Partner- und Gruppenarbeit, Tafelabschrieben und Hefteintragungen.

Kein einziges Mal waren die 25- bis 30-Jährigen in der Lage, konzentriert zu arbeiten: Pausengänge zwischendurch, Spätkommen nach der offiziellen Pause, erhöhter »Schwätz«-Pegel«, spürbare Müdigkeit, reduzierte Mitarbeit … Heftige Diskussionen eine Woche später – mit Erinnerungen an die eigene Schulzeit und gelungenen Änderungsvorschlägen.

* Ich stehe in der Schweiz auf einem Bahnhof und will mit dem Zug von A nach B fahren. Der Zug hat Verspätung. Ich warte und werde etwas unruhig, weil ich einen Termin in B habe. Nach einiger Zeit spreche ich

einen Zugbegleiter an und frage ihn, wann der Zug käme. Er antwortet, dass es noch etwas dauern würde, mit der Schlussbemerkung: »Wissen Sie, das ischt ja nur ein Plan.«

PS: Ich coache eine Lehrerin (GS) einen Vormittag lang und notiere u. a.: 130 Mal an die Kinder appelliert, was sie zu tun haben und wie sie sich verhalten sollen – 72 Fragen, mit Armheben der Schülerinnen und Schüler – und jeweils nur pro Frage eine Schülerin, einen Schüler drangenommen! Körperliche Bewegungen nur in der großen Pause; sitzen, schreiben, lesen; dreimal Partnerarbeit; keine Gruppenarbeit. So betrachtet ist es (leider!) folgerichtig, dass die Kinder vollbepackte Schulranzen schleppen. Ich bedaure sie immer, wenn ich sie sehe.

Gleichheit

* Mütter und Väter sagen des Öfteren, sie hätten ihre Kinder gleich lieb, werden aber unsicher, weil und wenn sie merken, dass sie sie ziemlich unterschiedlich behandeln. Im Gespräch mit ihnen wird ihnen bewusst, dass die Wörter »anders« oder »unterschiedlich« weitaus realistischer sind als das Wort »gleich«. Kinder spüren das und können damit gut umgehen, wenn sie geliebt werden.

* Meine Frau war längere Zeit in einem Pflegeheim. Manche Pflegende sagten, dass »hier alle gleich sind und es keine Ausnahmen gibt«. Sie verwechselten Gleichheit mit Gerechtigkeit.

* Der Pfarrer sagte uns, dass wir vor Gott alle gleich wären und dass wir zu allen gleich gut sein sollten.

* Ich verbrachte sieben Jahre in einem Internat. Unsere Kleiderspinde wurden alle, was die Ordnung betraf, gleich beurteilt, Unterschiedlichkeiten wurden

bestraft. Besuchszeiten waren jeden Sonntag von 14.00 bis 16.00 Uhr, trotz verschiedener Anfahrten der Angehörigen. Ausnahmen gab es keine.

* In der Schule merkte ich schnell, dass ich nicht gleichbehandelt wurde, von den Lehrern nicht und auch nicht von meinen Mitschülern.

* Ich leite eine Gruppe von Lehrerinnen und Lehrern zum Thema »Vielfalt im Unterricht«. Mitten in unseren Gesprächen sagt eine Kollegin: »Ich behandle alle gleich.« Kein Für und Wider, sondern zunächst Stille, Nachdenklichkeit … Dann ein Antwortsatz: »Unsere Kinder sind doch alle sooo verschieden.« Es gab anregende Diskussionen mit vielen Gleichheitsbeispielen – und Verschiedenheitswünschen.

Schauen wir uns die Schulwirklichkeit näher an:
- Der Unterricht beginnt am Morgen für alle um die gleiche Zeit (Ausnahmen ggf. 1. Klasse), obwohl inzwischen längst bekannt ist, dass Kinder früher wach sind als Jugendliche (genetisch bedingt).
- Die Schülerinnen und Schüler sind in *Jahrgangs*klassen eingeteilt, obwohl das Alter und die körperlichen, geistigen und psychischen Leistungen und Befindlichkeiten bis zu drei Jahre auseinanderklaffen. »Dann differenzieren Sie halt!«, lautet immer noch die lapidare Antwort – (bei häufig 30 Kindern/Jugendlichen pro Klasse und *einer* Lehrperson).
- Eine Unterrichtsstunde dauert 45 Minuten, obwohl bekannt ist, dass wirkliches Lernen in einer Klasse nicht peinlich genau sein kann.
- Am Ende des Schultages geht die Gleichheit weiter, wenn die Kinder und Jugendlichen ihre Hausaufgaben bekommen.
- Bis zu sieben/acht Stunden Unterrichtsstunden dauert ein Schultag, obwohl bekannt ist, dass kein Menschenhirn ihn konzentriert durchhält. (Deswegen sind die Ergebnisse von Politikerinnen und Politikern häufig dürftig bis fehlerhaft, weil nach zweistelligen Diskussionsstunden deren Hirne ebenfalls »fehlerhaft« funktionieren.)
- Die körperlichen, geistigen und psychischen Unterschiede der Kinder und Jugendlichen sind so groß, dass von Gleichheit keine Rede sein kann.

Wo man hinsieht, Ungleichheit: Geschlecht, Alter, Aussehen, Herkunft, Sprache, Verhaltensweisen, Religion, Familienstand, Erfahrungen.

- »Ich behandle alle Kinder gleich« ist ein Satz, der gut gemeint ist, aber zwischenmenschlich sowohl unmöglich als auch schwer durchzuhalten ist.
- In mir bekannten beruflichen Schulen findet fünf Mal die Woche der Unterricht von 8.00 bis 17.00 Uhr statt. Die Dozentinnen und Dozenten stehen genauso unter Stoffdruck wie ihre Stoffempfänger.
- Auch in der Lehrer-Schüler-Beziehung wird auf Gleichheit geachtet, schon der Fairness wegen. Dazu erläutere und zeige ich folgende Handlungsweise im Umgang mit Gruppen:

* Die Teilnehmenden stehen im Halbkreis so vor mir, dass jede(r) den gleichen Abstand zu mir hat. Zu jeder Person habe ich jedoch eine andere Beziehung, die ich durch jeweils einen Faden sichtbar mache: unterschiedlich stark, verschiedenfarbig, mehrfach … Dadurch wird die Gleichheit »face zu face« und die Ungleichheit in den Beziehungen deutlich, was völlig normal ist, je nach Aktion, Interaktion, Verhaltensweisen im Unterricht bzw. im Coaching.

* Der Lehrer geht erschöpft aus dem Klassenzimmer. Besonders Oliver hat ihm das Leben schwer gemacht. In der Pause treffen die beiden aufeinander. Herr S. sagt zu Oliver: »Also, wenn ich ehrlich bin, nervst du mich manchmal total. Ich würde dich am liebsten rausschmeißen. Auf der anderen Seite finde ich es super, wenn ich mitbekomme, was du alles kannst. Da könnte ich glatt ein Bier mit dir trinken.« – »Wow«, sagt Oliver, »so geht's mir auch. Manchmal öden Sie mich an – und manchmal finde ich es spannend bei Ihnen.« Daraufhin greift er in seine Tasche, nimmt eine Cola und sagt: »Prost!«

* In meinem Elternhaus war uns Musik vertraut – und mir u. a. auch ein sogenanntes Musikerquartett. Jeweils vier Komponisten gehörten zusammen: die Klassiker, die Romantiker, die Slawisten: Dvořák, Smetana, Janáček, Tschaikowsky. Als der Musiklehrer zufällig Janáček erwähnte, streckte ich den Finger und sagte, dass ich den kenne. Gelächter und »Angeber, Angeber«. Niemand glaubte mir dies. Da wusste ich, dass ich nicht gleichbehandelt werde.

Obwohl die Gleichheit der Menschen (fast) in keiner Weise vorhanden ist (bis zum Fingerabdruck), ist sie im Wunschdenken und in unseren Sehnsüchten lebendig, politisch am deutlichsten in der Französischen Revolution durch die Trias: Von Liberte, Gleichheit bis Brüderlichkeit. (Und viele Lehrerinnen und Lehrer sehen *ihre* Klasse immer noch als Familie.)

Auf der anderen Seite besteht auch der Wunsch, nur ja nicht gleich zu sein, denn das würde die Individualität aufheben. Dies zeigt sich auch in unseren Lebensgeschichten: unsere Einzigartigkeit *und* das Zusammen*sein* mit anderen. *Gleichsein* wollen bedeutet Stillstand. Verschiedenheiten zu akzeptieren, ist realistisch und bringt Bewegung in die zwischenmenschlichen Beziehungen, in die Kommunikationen und Kooperationen, in die Verhaltensweisen und Weltanschauungen.

Erziehung

Wie man sich – ohne Verlust, ja sogar mit Gewinn – von der Erziehung verabschieden kann, zeige ich, dass sie in den zwischenmenschlichen Beziehungen eine Bremse, ein Stillstand sein kann.

* Beobachtungen an einem Badesee: Ein kleiner Junge spielt am Ufer im Sand und trällert eine Melodie. Unvermittelt sagt sein Opa, der in der Nähe ist: »Hör zu singen auf! Leg die Schaufel weg! Komm her und geh mit mir ins Wasser! Vertrau mir!« Der Opa sagt in wenigen Sekunden, was sein Enkel tun soll – Erziehung pur!

*Zieh- und Schiebe*vorgänge durch Appelle – und erweitert durch eine Fülle von Einwirkungsstrategien, Geboten, Verboten, Direktiven und Manipulationen – sind schädlich und verhindern Entwicklung, Wachstum und

Kreativität von Menschen. Denn diese Art von Erziehung basiert auf zwei Grundeinstellungen:

Erstens: Erziehende sind der Ansicht, andere Menschen nach ihren eigenen Vorstellungen und Zielen verändern und durch Erziehungsmaßnahmen aus unreifen Menschen reife Persönlichkeiten bilden zu können.

Zweitens: Erziehende verhalten sich Menschen gegenüber, als seien diese Maschinen, die – aufgrund der Veränderungsabsichten und Einwirkungen – so reagieren, wie sie es haben möchten.

Erwachsene sagen Kindern etwa 200 bis 300 Mal am Tag, was sie zu tun und zu lassen haben: »Hör auf zu quengeln!« – »Sei pünktlich!« – »Reiß dich zusammen!« – »Räum dein Zimmer auf!« – »Mach die Hausaufgaben!« – »Sei pünktlich!« – »Sei nicht so faul!« – »Komm nicht zu spät nach Hause!« – »Streng dich an!« – »Lass mich endlich in Ruhe!« – »Stell die blöde Musik ab!«

Wer so viele Appelle bekommt, lernt, gehorsam oder renitent zu sein und selbst zu appellieren. Aber auch Erwachsene werden (von Erwachsenen) erzogen:

* Während eines Gesprächs mit einem Mann beginnt eine Frau zu weinen, worauf dieser sagt: »Jetzt hör doch mit deinem blöden Geheule auf!« (= Ich verbiete dir Gefühlsäußerungen und erziehe dich zu mehr Selbstbeherrschung.)

Umfragen bei Lehrerinnen und Lehrern aller Schularten ergeben: Im Durchschnitt appellieren sie zwischen 20 und 30 Mal pro Stunde, je nach Fach und Thema. Dies ergibt in einem 35-jährigen Lehrerleben etwa eine Million Appelle – die privaten nicht dazugezählt.

* Manchmal bitte ich Menschen, sich in ihre eigene Kindheit und Jugend zu versetzen und an Personen zu denken, von denen sie erzogen worden sind:

- Was haben Sie von Ihren Erziehern *genauso* übernommen? (= in *deren* Spuren weitergegangen)
- Was haben Sie davon eigenständig *weiterentwickelt?* (= *eigene* Spuren gezogen)
- Was haben Sie *ganz anders* gemacht? (= in *entgegengesetzte* Richtungen die Spur gezogen)
- Wie viel ist von der *Erziehung* geblieben – und wie viele eigene Wege sind Sie gegangen?

Ein Ende also mit jeglichen Ziehvorgängen, mit dem Schubsen und Zerren, den Veränderungsabsichten und Fremdbestimmungen, dem Schnitzen und Glätten, dem Formen und Umformen von Menschen. Die Achtung vor ihrer Einzigartigkeit verbietet solche Einwirkungs- und Verformungstätigkeiten. Deshalb halte ich die Erziehung grundsätzlich für schädlich.

Es gibt aber auch viele *gute* Beispiele herkömmlicher Erziehung, in denen die »Erziehenden« mit der *Grundhaltung der Liebe* hohe Verantwortlichkeit jenen gegenüber zeigen, die sie »erziehen« und denen sie Fürsorge (hinter der auch Sorge steht), Zuneigung, Unterstützung und Schutz geben. Diese Art der »ERziehung« nenne ich »förderliche BEziehung«, die ein günstiger Nährboden für authentisches Fühlen, Denken und Handeln ist.

Dem deutschen Wort Erziehung liegt das lateinische Wort educare (= heraus*führen*) zugrunde, ein Begriff, der weitaus besser ausdrückt, dass es sich um ein Herausführen aus der Abhängigkeit hin zur Selbstständigkeit handelt. Führen ist jedoch nur möglich, wenn der Geführte es zulässt – im Gegensatz zum Befehlen, das Fremdbestimmung bedeutet. Fremdbestimmung und Zwang sind dann notwendig und ethisch verantwortbar, wenn Menschen anderen gegenüber physische und/oder psychische Gewalt anwenden.

Es ist Abschied von der Vorstellung zu nehmen, wir könnten andere Menschen nach *unseren* Vorstellungen »bilden« (der Mensch ist keine »triviale Maschine«). Aber wir können *Bedingungen* schaffen, dass andere sich gemäß ihrer Persönlichkeitsstruktur *und* ihrer Durchlässigkeit für Außenwirkungen entwickeln. So betrachtet ist Beziehung Wahrnehmen und Beobachten,

Einfühlen und Erspüren, Entwicklungsförderung und Lebenshilfe, Zulassen der Möglichkeiten und Grenzziehung, falls erforderlich.

Der Erziehungsabschied fällt schwer, weil wir als Erzogene selbst wiederum »nur« Erziehen gelernt haben. Das *Selbstbewusstsein* von Menschen kann sich jedoch nur entwickeln, wenn sie statt Fremdbestimmung *Selbsterfahrungen* machen können.

Wie eigenes Erleben verhindert wird:
- »Sei nicht so *eigen*sinnig!« (Wegnahme des eigenen Sinnes)
- »Jungen weinen nicht.« (Verhinderung von Gefühlen)
- »Da täuschst du dich aber gewaltig.« (Wegnahme eigener Sichtweisen)
- »Glaub mir; ich weiß es besser.« (Wegnahme eigener Erfahrungen)
- »Das schaffst du ja doch nicht!« (Entzug des Vertrauens)
- *... und wie es gefördert werden kann:*
- »Ich helfe dir, wenn du magst.« (Eigene Wege gehen lassen)
- »Ich traue dir das zu.« (Vertrauen geben)
- »Ich freue mich, weil du ...« (Stärkung des Selbst)
- »Ich bin gespannt, was du mir berichten wirst.« (Interesse zeigen)
- »Wenn du es ausprobieren willst ...« (*Selbst*erfahrungen machen lassen)

PS: Und es gibt immer noch die ERziehungswissenschaften, nicht aber die BEziehungswissenschaften – und das Wort Liebesbeziehung, nicht aber das Wort Liebeserziehung.

Benotung

»Pi mal Daumen?«

Die Stimme des Lehrers in unseren Ohren: »Meier, gut gelernt! Zwei plus.« – »Müller, gerade noch vier. Setzen!« Oder: »Beate, so fleißig. Eins. Ich freue mich.«

Das viele Abfragen, die vielen Tests und Klassenarbeiten, die vielen Noten, mit oder ohne Bemerkungen ... und die häuslichen Folgen, von Lobbezeugungen über Strafexekutionen bis hin zu juristischen Auseinandersetzungen zwischen Elternhaus und Schule werden meist nur sehr schwer verdaut.

Die Notenpraxis wirft Fragen auf:
- Was ist messbar und demzufolge entsprechend benotbar?
- Was ist einschätzbar und demzufolge subjektiv bewertbar?
- Was ist interpretierbar und demzufolge rein subjektiv notierbar?
- Was sind »objektive Kriterien« und was »subjektive Annahmen«?

Das größte Manko bisheriger Benotungen besteht darin, dass die unterschiedlichen Lern- und Leistungsvoraussetzungen der Kinder und Jugendlichen viel zu wenig berücksichtigt werden, mit der Ungerechtigkeit, dass die Notengebung *Vergleichsbewertungen* sind.

Die Karikatur von Marie Marx ist zwar sattsam bekannt, hat aber kaum zu Konsequenzen in der Benotungspraxis geführt:

Ein Lehrer steht vor seinen Schülern, die sich in Tiere verwandelt haben: Pinguin, Elefant, Vogel, Katze, Wurm, Affe ... und sagt zu ihnen: »Zum Ziele einer gerechten Auslese lautet die Prüfungsaufgabe für euch alle gleich: Klettert auf den Baum!«

Es geht nicht um die Abschaffung von Einschätzungen und Bewertungen, sondern um die Erkenntnis und Folgerungen, dass jedes Beurteilungshandeln *subjektiv* ist.

»Alle Beurteilung sagt immer mehr über den Beurteiler aus als über den Beurteilten. Jede Beurteilung ist Selbstbiografie.« (Reinhard Sprenger)

Wenn mehrere Personen dasselbe wahrnehmen, einschätzen und gleich beurteilen, dann entsteht keine Objektivität, sondern »verdichtete Subjektivität«. Wir sind als Beobachtende und Beurteilende an unsere Persönlichkeitsstruktur, an unsere Art der Wahrnehmung und an unsere Erfahrungen gebunden und konstruieren, als Subjekte, unsere Wirklichkeiten auch unterschiedlich (Mathematik, Deutsch, Englisch, Kunst, Sport ...).

»Objektivität ist die Wahnvorstellung eines Subjekts, es könne beobachten ohne sich selbst.« (Heinz von Foerster)

Achtsamkeit, Vorsicht und Bescheidenheit seitens der Beurteilenden sind angesichts der Tatsache angebracht, wie sehr über dieselben Vorgänge und Aufgabenlösungen unterschiedliche Urteile gefällt werden: Es ist zur Genüge bekannt, dass sich beispielsweise Aufsätze eines Schülers in der Beurteilung von mehreren Lehrern in einer Skala von zwei bis drei Notenstufen unterscheiden. Eine Schülerin beklagt sich, dass sie im vorigen Jahr beim Lehrer X nur Zweier, in diesem Jahr beim Lehrer Y nur Vierer bekommen hat. »Das kann doch nicht nur an mir liegen.«

Nein, denn:
Die Leistungsergebnisse, in Notenskalen festgehalten, haben grundsätzlich vier Teile: zwei auf Lehrerseite, nämlich die Person des Schülers und sein Verhalten, zwei auf Schülerseite, nämlich die Lehrperson und seine Methoden.

Und das heißt, dass jede Benotung »halbe-halbe« auf das »Konto« des Schülers wie des Lehrers geht: vom gegenseitigen Mögen bis Nichtmögen und von der gegenseitigen (unterschiedlichen) Art des Lernens und Lehrens.

Aus der Praxis:
* Ein Schüler einer vierten Grundschulklasse wurde von der Klassenlehrerin zum Halbjahr für die Hauptschule eingestuft. Aus Umzugsgründen kam der Junge im zweiten Halbjahr in einen anderen Ort und dadurch in eine andere Grundschule und zu anderen Lehrern. Am Ende des Schuljahres bekam er die Empfehlung für das Gymnasium. – Zuwachs an »Gescheitheit«?

* Ein Lehrer wechselt in einer Unterrichtsstunde sieben Mal die Methode, was der eine Prüfer als »unglaublich flexibel« und der andere als »methodischen Schnickschnack« deutet. Die Endnote lautete dann auch 1,5 und 4,5 = Gesamtnote 3.

* Ich habe einen Unterrichtsfilm (Fach Geschichte, Klasse 11, Gymnasium) bisher etwa 600 Lehrerinnen und Lehrern gezeigt und sie um ihre Einschätzung und Benotung gebeten. Das Ergebnis: eine Streuung von Note 1,5 bis 5,5.

* In einem Rollenspiel führte ich zur Anschauung ein Gespräch, in dem ich als Berater sehr wenig redete und viel zuhörte. Die Rückmeldung der Zuschauenden lag in einem Spektrum von enttäuscht (»Sie haben ja fast nichts gesagt.«) bis sehr beeindruckt (»Sie haben ja fast nur zugehört.«)

Konsequenzen:

1. Die Wirklichkeit wird nicht vorgefunden, sondern von den Menschen erfunden und konstruiert.

2. Es existieren unterschiedliche Sichtweisen und Positionen. Es ist kein Verlass mehr auf eine »Einheitlichkeit«, weder im politischen, gesellschaftlichen noch im schulischen oder familiären Bereich.

3. Der Freiheitsgewinn für den Einzelnen bedeutet jedoch nicht Willkür und Beliebigkeit, sondern verlangt ein hohes Maß an Verantwortungsbewusstsein.

4. Die Kategorien »richtig« – »falsch« sind durch Begriffe wie Plausibilität, Stimmigkeit, Angemessenheit, Sowohl-als-auch oder durch Wörter wie einleuchtend, nachvollziehbar oder bedenklich zu erweitern.

5. Es gibt keine »gerechte Beurteilung« – ich, weiß, liebe Lehrerinnen und Lehrer, liebe Eltern, sie hätten sie gerne –, sondern nur verantwortliches Handeln im Bewusstsein subjektiver Sichtweisen. Im Umgang mit Bewertungen sind deshalb Gespräche, Rückmeldungen, Abstimmungen und Vereinbarungen förderlich bis notwendig.

6. Die Wahrheiten von heute sind die Irrtümer von morgen. Und, um mit Foerster zu sprechen: »Wer *die Wahrheit* sagt, lügt.«

7. Weiterhin Benotungen und Ziffernnoten zu geben, bedeutet Stillstand im Bewertungsraum. Persönliche Rückmeldungen und in zwischenmenschlichen Beziehungen Klarheit zu geben, zeigt uns angemessene Lernwege auf.

Bestrafung

Bestrafungen in der Schule:

* Ein Schüler rennt durch den Gang, rempelt dabei heftig einen Lehrer an und schreit zu ihm zurück: »Verpiss dich, du Wichser.« Empörung im Kollegium. Strafe: Vier Seiten aus einem Buch abschreiben.

* Ein Junge und ein Mädchen küssen sich auf dem Schulhof. Strafe durch den Klassenlehrer: Eintrag ins Klassenbuch und eine Stunde Nachsitzen mit Matheaufgaben.

* Ein Mädchen kämmt sich während des Unterrichts ihre Haare und macht trotz Ermahnung weiter. Die Strafe der Lehrerin: Das Mädchen muss ein Protokoll der nächsten beiden Stunden schreiben.

Was lernen die Jugendlichen für ihre Verhaltensänderung?
Was lernen sie, wenn sie nachsitzen und schreiben (müssen)?

Motive von Lehrerinnen und Lehrern, wenn sie strafen:

Gewohnheit	Hilflosigkeit
Kränkung	Rache
Warnschuss	Abschreckung
Verhaltensänderung	Macht
Normpriorität	Ärger, Frust
Erziehungspraxis	Selbsterfahrung

Statt Bestrafen verwende ich den Begriff »konsequentes/folge-richtiges Handeln« und bin in diesem Zusammenhang »Um-lernhelfer« – und das heißt:
- Fehlverhalten, Grenzen und Folgehandlungen (auf-)zeigen
- Tätigkeiten zum Umlernen anbieten, einfordern (»stimmige« Wiedergutmachung)
- notwendige Maßnahmen zum Schutz anderer durchführen

- autonom handeln und Beispiel geben: Wenn ich mich verändere, verändern sich auch andere.
- Schülerinnen und Schüler selbst bestimmen lassen

Die Wörter „Strafen" und „Bestrafung" sind mental anders besetzt als das Wort „Umlernhilfe". Wenn jemand sagt: »Ich werde dich bestrafen«, dann läuft in ihm ein negativer Film ab im Gegensatz zur Äußerung: »Ich werde dir helfen, dich zu ändern.« Dadurch erfährt das Du die notwendige Anerkennung in der Gemeinschaft anstelle von negativen Bewertungen und ggf. einem Ausschluss aus ihr.

Auch wenn Strafen Verhaltensänderungen bewirken, so sind sie doch keine pädagogischen Mittel, sondern Konsequenzen im *Straf*gesetzbuch. Fehlentwicklungen und Fehlverhalten kann man nicht durch Strafen, sondern nur durch positive Vorbilder (Lernen am Modell) sowie »Entwicklungs- und Umlernhilfen« ändern. (Eine Pflanze »bestraft« man nicht, nur weil ihr Wachstum nicht so ist, wie man sich es wünscht.)

Strafende wollen unerwünschtes Verhalten ändern. Häufig verwenden sie nicht folgerichtige und damit unwirksame Maßnahmen (weil sie meist aus dem Affekt heraus handeln).

Der Ursprung der Bestrafung stammt aus einer Zeit, in der in Preußen meist abgedankte Soldaten die Rolle der Lehrer übernahmen: Strafe als disziplinarische Maßnahme im Militär. Leider sind (nichtkörperliche) Strafmaßnahmen immer noch Mittel der Erziehung und führen damit zu einem Stillstand im Prozess der »Entwicklungshilfe«, die im Wachstum unabdingbar ist.

Belohnung

* Der Lehrer kann die Schriftzüge von Andreas oft nur schwer entziffern. »Ich weiß schon«, meint der gutmütig, »ich hab' halt eine Sauklaue.« – »Dafür kannst du aber auf dem Bauernhof daheim mit deinen Händen fest zupacken«, sagt darauf der Lehrer und grinst ihn an. »Ja, schon«,

murmelt Andreas und steckt seinen Kopf noch tiefer in sein Heft. Nach ein paar Tagen bekommt Andreas sein Aufsatzheft zurück, u. a. mit der Bemerkung: »Andreas, ich kann deine Schrift jetzt schon viel besser lesen.« Nach der Stunde merkt der Lehrer, dass Andreas etwas loswerden will, und blickt ihn ermunternd an. »Loben Sie mich nur nicht zu viel, sonst werd' ich leichtsinnig«, bekommt er zur Antwort. Und schon flitzt Andreas aus dem Klassenzimmer.

Andreas bewertet sich selbst als Versager. Lob ist er nicht gewohnt. Der Lehrer gibt ihm eine wertschätzende Rückmeldung. Andreas braucht Zeit, sie in sein eigenes Verständnis und seine Bewertung von Leistung einzuordnen.

Wir können nie sicher wissen, wie das, was wir sagen und tun, bei anderen ankommt, auch wenn es noch so gut gemeint ist. Sogar beim Loben kann man nicht wissen, in welche Richtung es geht und was man damit auslöst.

Ich habe schon als junger Lehrer begonnen, Lob (und Strafe ebenso) aus meinem pädagogischen Repertoire zu streichen, weil sie mir aufgrund meines Menschenbildes und meiner humanen Einstellungen nicht mehr »stimmig« erschienen und zu viele Bewertungen enthielten.

Die Wurzeln meines Umdenkens reichen bis in meine Studienzeit:

* Als Student machte ich die Erfahrung, dass meine/unsere Beiträge von Professoren entweder gelobt oder kritisiert wurden. Das war für mich völlig normal. Kurz vor dem Examen nahm ich an einem Seminar teil, in dem der Dozent meine/unsere Beiträge weder lobend noch kritisierend kommentierte. Er ließ sie als solche stehen oder ordnete sie höchstens sachlich ein. Das verunsicherte mich und ich fragte ihn: »Wie finden Sie denn meine Beiträge? Sie sagen fast nie etwas dazu.« Seine Antwort: »Ich habe Sie nicht zu bewerten. Ich sage Ihnen höchstens meine Ansicht.« Verwunderung meinerseits durch seine Nichtbewertung.

Mein Erkenntnisgewinn, schon damals: Ich war bisher von Lob in Form von Bewertungen anderer Menschen abhängig. In dem Moment, in dem es nicht mehr erfolgte, musste ich selbst sehen, wie ich mit meinen eigenen Verhaltensweisen und Produkten zurechtkam und wie ich mein Tun bewertete.

* Ein bekannter Schauspieler wurde gefragt, wie er mit dem neuen Regisseur zurechtkäme, und antwortete: »Am Anfang war es sehr schwer. Er lobte nicht, kritisierte nicht, sagte höchstens seine Sichtweisen ... Ich war total verunsichert. Aber nach einiger Zeit bemerkte ich, wie ich immer mehr zu meiner eigenen Darstellung fand, und löste mich aus meiner Rolle als Marionette des Regisseurs. Bisher hatte ich immer nur so gespielt, wie er und andere es wollten und damit ich gelobt wurde. Ich war abhängig von ihnen geworden ...«

Lob ist kein Mittel, um andere zu erziehen. Lob macht abhängig.

Selbstmitteilungen als Feedback hingegen lösen Selbstbewusstsein aus:

* Ende eines Schulvormittags, den ich als ausgesprochen produktiv empfand: Die Kinder, dritte Klasse, gehen an mir vorbei zur Tür – und ich hatte den Satz schon auf den Lippen: »Ihr wart aber heute toll!«, sagte aber: »Ich bin sooo gern bei euch Lehrer!« – Da strahlten sie und gingen nach Hause ... Mit welchen Empfindungen?

Anstatt zu loben, teile ich etwas von mir als Zeichen meiner Befindlichkeit und meiner Beziehung mit:

Statt:	besser:
»Das hast du aber schön geschrieben.«	- »Ich kann deine Schrift sehr gut lesen.«
»Sie sind eine versierte Mitarbeiterin.«	- »Ich arbeite gern mit Ihnen zusammen.«
»Du bist aber eine prima Köchin.«	- »Was du gekocht hast, hat mir sooo geschmeckt.«

* Ein Junge, auf dem Weg zum Schwimmtraining, sagt zu seiner Mutter: »Mama, krieg ich ein Eis, wenn ich heute meine Schwimmzeit verbessere?« Darauf die Mutter. »Nö, willst du schneller schwimmen wegen mir oder wegen dir?« Als der Junge nach Hause kommt, sagt er freudestrahlend: »Du, Mama, ich bin heute 1,7 Sekunden schneller geschwommen als das letzte Mal.« Da strahlt auch die Mutter und antwortet: »Jetzt spendiere ich dir ein Eis, weil ich mich riesig darüber *freue*.« Eis spendieren nicht als Belohnung (= Erziehung), sondern als Ausdruck ihrer eigenen Freude (= Beziehung).

Wertschätzende Selbstmitteilungen sind mir in der Beziehung zum Gegenüber wichtig: Freude, Zufriedenheit, Glück, Wohlbefinden – mit Wirkung auf andere. Wenn ich mich mitteile, gebe ich Rückmeldung – und der/die andere entscheidet, was er/sie damit autonom macht. Der Lobende ist nie auf Augenhöhe mit dem Gelobten, im Gegensatz zum Wertschätzenden.

Anerkennung ist für Menschen als soziale Wesen lebensnotwendig. Sie geschieht jedoch nicht durch Loben (im Sinne von: »Du kriegst ein Smily, weil du so schön mitgemacht hast.«), sondern als Rückmeldung von Person zu Person. Zudem: Belohnungen bringen langfristig keine Änderungen, sondern diese geschehen nur durch *Selbst*-Erfahrungen.

Erziehung durch die Hintertür: Wenn ich dich lobe, dann veränderst du dich, weil und wie ich es will.

Natürlich kann es sein, dass Sie viele Loberfahrungen hinter sich haben. Wenn sie nun wegfallen, haben Sie vielleicht »Entzugserscheinungen«. Besser die, als in »Lobabhängigkeit« zu bleiben.

Lehren

Das Lehren war schon immer die Nummer eins in der Schule und die Berufsbezeichnung war das entsprechende Wort, nämlich Lehrer. Dieser war in den meisten Fällen gut angesehen und war eine Autoritäts- und Respektsperson, von streng bis gefürchtet, im Frontalunterricht wie in der Benotung.

Die körperlichen Strafen sind inzwischen verboten, die verbalen halten sich noch immer. Heutzutage sind die meisten Lehrenden zugänglich, kooperativ, hilfsbereit, verständnisvoll und partnerschaftlich. Die Methodenvielfalt hält sich in Grenzen.

Geblieben sind die Schulpflicht, das mündliche Abfragen, das Multihandheben der Antwortenden (mit bewundernswerter Geduld), die Tests, die Klassenarbeiten, das Sitzen auf den Stühlen, die mangelnden Bewegungen, das Sitzenbleiben nach einem Schuljahr, (170.000 pro Jahr in der BRD), der Religionsunterricht und die Schulgottesdienste.

Inzwischen hat sich die *Schulkultur* allerdings etwas verändert:

Auf der einen Seite werden die inhaltlichen Angebote stärker der Realität angepasst, ebenso Didaktik und Methodik – und es gibt zunehmend Schulen, die neue Wege suchen und gehen, weil die alten nicht mehr begehbar sind, wenn auch noch lange nicht flächendeckend.

Auf der anderen Seite ist das Schul*klima* durchgängig uneinheitlich und »besetzt« von Schülerinnen und Schülern, deren Einstellung und Verhalten von erfreulich über erträglich bis katastrophal, von konstruktiv bis destruktiv, von human bis kriminell, von politisch korrekt bis radikal reichen. Die einen fühlen sich wohl in ihrer Schule, während andere »Nullbockmentalität« demonstrieren, aggressiv agieren oder ihr fernbleiben.

Die sozialen Netzwerke sind zu einer Plattform geworden, die in alle Richtungen gehen und nicht mehr überschaubar sind, sowohl im Guten (faire Kommunikationen, KI, förderliche Digitalisierung) wie im Schlechten (Beleidigungen und Hasstiraden, politische Destruktionen).

Deshalb haben auch die psychosomatischen Krankheiten der Lehrerinnen und Lehrer (und der Schülerinnen und Schüler) erheblich zugenommen und stehen statistisch, was die betroffen Berufe betrifft, an erster Stelle. Gravierend sind die Zunahme der Ängste und der Ausstieg aus dem Lehrberuf:

* Anruf einer Kollegin, Sonntagabend: tränenreich und angstbesetzt bei dem Gedanken, dass sie morgen wieder in die Schule müsse, hilflos und unvorbereitet für das, was alles Schlimme auf sie zukommt.

Mein Fazit

- Die gesamte Aus- und Weiterbildung für den und im Lehrerberuf muss grundlegend geändert werden, was die Persönlichkeit, die fachlichen Kompetenzen, die Beziehungsfähigkeit, die Belastbarkeit und die Immunisierung angeht.
- Die Hochschulen, Universitäten und Seminare sind besonders in ihrer Bildungsverantwortung herausgefordert.
- Der Beruf »Lehrer« wird sich gravierend ändern, weil sich die Lehranteile reduzieren und andere Funktionen breiten Raum einnehmen werden: Lernbegleiter, Lernhelfer, Informator, didaktischer Manager, Ansprechpartner, Bezugsperson, Unterrichtsdirigent, Schlichter, u. ä. m.
- Das derzeit kranke Schulsystem muss gesunden, weil sonst die in ihm lebenden Menschen erkranken und möglicherweise ihren Beruf (innerlich oder äußerlich) kündigen müssen.
- Die entsprechenden Maßnahmen kosten auch Geld, viel Geld, das allerdings gut angelegt ist sowohl für die Arbeitgeber (Lehrpersonen) als auch für die Arbeitnehmer (Schülerinnen und Schüler).

Stillstand im *jetzigen* Schulsystem gefährdet alle Beteiligte, stete Änderungen bewirken Befreiung von Zwängen und unnötigen Belastungen, erzeugen Wohlbefinden, bringen Sinnhaftigkeit und Freude am und im Beruf.

Es geht auch anderen Personen so, vor allem denen, die mit Menschen zu tun haben, wie Ärzte, Seelsorger, Psychologen, Richter, Pflege- und Betreuungspersonen, Erzieherinnen, Steuerberater, Dienstleistende im Zug- und Flugverkehr … summa summarum Menschen, die in den Empathieberufen tätig sind. Ohne deren qualifizierte Ausbildung und permanente Weiterbildung könnten viele Menschen nur beschwert leben oder wären gar hilflos.

Deshalb, auf die Schule bezogen:
Von alten Schulzeiten   Aufbruch zu neuen

zufällige Entwicklung	gezielte Entwicklung
Statik, Beharren	Dynamik, Flexibilität
Zentralisierung	Dezentralisierung
Organisation von außen	Organisation von innen
konstante Berufsrolle	flexible Berufsrolle
begrenztes Lernen	lebenslanges Lernen
Stundenpläne	Lernpläne
Schwerpunkt Wissensvermittlung	Schwerpunkt Lernprozesse
abfragender Unterricht	offene Lernformen
Fachkompetenz	Lernbereichskompetenz
Lehren und Belehren	Lernbegleitung, Lernhilfen
eingreifen	entfalten lassen
Direktiven und Vorgaben	Vereinbarungen
lehrerzentrierter Unterricht	schülerorientiertes Lernen
Medienarmut	Medienreichtum
Erziehung	Beziehung

Und mit *Vorteilen* für die Lernbegleiterinnen und -begleiter *und* die Schülerinnen und Schüler, die mit weniger Stress und gesünder leben! Lehrende sind keine Dompteure und Lernende keine brüllenden Löwen!

Und was die Zukunft betrifft:
Sie ist schon längstens Gegenwart. Lehren und Schule werden weitaus weniger Bedeutung haben als derzeit. Die Lernorte unserer Kinder und Kindeskinder werden u. a. auch die Digitalisierung, der Umgang mit Robotern und die Verarbeitung ihrer Lebensumstände in der Öffentlichkeit sein.

Ihre Lebensdauer wird, derzeit geschätzt, zwischen 90 und 100 Jahren liegen. Ein Unding, zu glauben, wir könnten persönliche und berufliche Vorhersagen treffen.

Manche Berufe werden aussterben, andere werden hinzukommen. Privatleben, Arbeit und Beruf werden stetem Wandel unterliegen.

Die Welt, in der wir leben, werden wir kaum mehr Umwelt nennen können, weil wir, globalisiert, permanent *die Welt* sind.

Es werden nur Vermutungen gelten über unsere kommenden Lebensbedingungen: Verschmutzung und Zerstörung, Kämpfe um saubere Luft, Wasser und Nahrung, Kriege. Unsere Sehnsucht nach Umarmungen, Nähe, Geborgenheit und Frieden wird bleiben (vergleiche dazu auch O. A. Burow, Schule der Zukunft, der ausführlich Gegenwart und Zukunft der Schule beschreibt und reflektiert).

Teil 2: VERÄNDERUNGEN

Die einzige Konstante in unserem Leben sind Veränderungen

In den 1970er Jahren wurde der Club of Rome gegründet, in der Absicht, die Menschheit über die Grenzen des Wachstums, über die Notwendigkeit der Nachhaltigkeit und über den Schutz der Ökosysteme zu informieren und aufzuklären.

Damals wurden seine Mitteilungen und Mahnungen höchstens zur Kenntnis, aber keineswegs ernst genommen – über Jahrzehnte hinweg. Die Kassandrarufe verhallten.

Erst als die Vorhersagen auf dem Planeten unerträgliche Ausmaße annahmen, die Schreckensszenarien Wirklichkeit wurden, begannen die Menschen, hellhörig zu werden, ihre Verhaltensweisen zu verändern, beileibe aber keineswegs auf der gesamten Erde und in allen Völkern, ja, viele leugneten diese sogar.

In den Schulen – ich spreche von den deutschen – begannen vor dem Hintergrund des Slogans »Es ist bereits 10 nach 12 Uhr!« die notwendigen Veränderungen, allmählich zum Thema zu werden. Es betrifft in erster Linie das gesamte Schulsystem, weil bürokratische Verordnungen und Einzelmaßnahmen wirkungslos sind.

Die wenigsten von uns hätten vor einigen Jahren gedacht, dass uns die Globalisierung, die Digitalisierung und die Probleme der Ökologie/Ökonomie so überraschen und ungeheuerlich in unser Leben eingreifen würden. Und dass wir sogar Aufrüttelungen brauchen durch beispielsweise Fridays for Future, um die Klimakrise ernst zu nehmen und handlungsorientiert agieren zu können.

Die Schule als Stätte des umfassenden und differenzierten Lernens ist mehr denn je gefragt. Die alten, bisher herkömmlichen Muster greifen nicht mehr!

Lernwelten

* Während meines Pädagogikstudiums fiel mir auf, dass die Formulierung immer hieß: »Lehren und Lernen.« Ich war damals schon der Meinung, dass das Lehren sich nach dem Lernen, der Lernfähigkeit der Schülerinnen und Schülern zu richten habe und heißen müsse: »Lernen und Lehren« – und sagte dies einigen Professoren, die *alle* völlig erstaunt waren und meiner Meinung weder Verständnis noch Platz gaben (diese Reihenfolge wird vielfach bis heute noch beibehalten).

* In meinen drei Prüfungsunterrichtsstunden hatte ich je acht Unterrichtsziele: »Die Schüler sollen …« Damals völlig normal: Alle fünf Minuten ein anderes Lernziel. Von Lehrzielen war nicht die Rede. Heute wissen wir, dass wir aus ethischen und hirnbiologischen Gründen keine Ziele für *andere* haben können!

* Im Gymnasium (1957, Tertia) war im Fach Latein die erste Literatur *De bello Gallico* – für 14-Jährige!!!

Der *Bildung*splan (Gymnasium!) war heilig. Die Lehrer (!) hielten sich daran, wurden überprüft, ob sie ihn erfüllten, und die Schülerinnen und Schüler entsprechend getrimmt und benotet!

* Ich kam in Sport nie über eine Drei hinaus, weil Geräteturnen (5) und Leichtathletik (1) immer summiert wurden.

* Später, als Lehrer, habe ich weitaus mehr Zeit für Studien der Bildungs-, Lehr- und Stoffpläne verwendet als für Themen wie Kinder- und Jugendpsychologie, Pädagogik des Lernens und die Selbst- und Beziehungskompetenz.

Schnitt: 40 Jahre später:

* Ich coache u. a. auch Personen, die Menschen im Hospiz und in Pflegeheimen betreuen. Ich werde öfter gefragt, was denn zu tun sei, was »man« mitbringen und worauf »man« sich vorbereiten müsse. Eine Frau gestand unter Tränen, dass sie in das Zimmer einer Schwerkranken ging, freundlich »Guten Tag, Frau X« sagte – und erst dann merkte, dass diese im Sterben lag. Wir waren uns alle einig, dass die einzige Vorbereitung die *eigene Wahrnehmung* ist – als Richtschnur für späteres Handeln.

Jeder Arzt nimmt zuerst wahr, stellt sich auf die Patientinnen und Patienten ein, führt eine Anamnese als Teil einer fundierten Diagnose durch und wird dann therapeutisch tätig. Jede Friseurin, jeder Autoexperte, jede Physiotherapeutin nimmt zuerst wahr, befragt, sammelt Informationen, bespricht und erklärt entsprechende Maßnahmen.

Inzwischen hat sich auch in der Schule herumgesprochen, dass am Anfang des Schulbeginns, der Unterrichtssequenzen, des Lehrens eine ausgiebige Untersuchung, Überprüfung über die Fähigkeiten, den Leistungsstand, das Lernniveau und gewisse körperliche, geistige und seelische Fähigkeiten der Schülerinnen und Schüler stattfinden muss.

Die Förderschulen sind da bereits Vorbilder. In Grundschulen gab und gibt es Prüfungen, und je nach Ergebnis wurde/wird die Auswahl getroffen: Hauptschule, Gemeinschaftsschule, Realschule, Gymnasium, Sonderschule – Auslese also.

Der Blick auf die Schultypen im 20. Jahrhundert (in der DDR und BRD und in jetzt 16 Bundesländern) zeigt die Vielfalt und damit auch die Problematik der Auslese und Entscheidung (vor allem durch die Eltern): Volksschule Hilfsschule, Förderschule, Unterstufe, Mittelstufe, Hauptschule, humanistisches Gymnasium (Latein, Griechisch), Realgymnasium (Naturwissenschaften), Polytechnische Oberschule, Berufsschule, Sonderschule, Grundschule, Realschule, Gemeinschaftsschule, Werkrealschule, Gesamtschule, Sekundarstufe 1 und 2 (mit dem Ziel, allen Schülerinnen und Schülern gerecht zu werden). Auch hier ging der Schuss nach hinten los!

* Beispiel: Eine Stadt mit ca. 28.000 Einwohnern und drei Eingemeindungen hat acht allgemeinbildende, drei berufsbildende und eine Sonder-/ Förderschule.

* In einer Großstadt mit Universität (und entsprechender Elternklientel) unterrichtete ich vorübergehend in einer Grundschule. Am Ende der vierten Klasse gingen fast alle Kinder auf das weiterführende Gymnasium, jeweils zwei bis drei in die Realschule, in die Hauptschule keines! Einige Kilometer weiter, in einer Brennpunktschule, gingen lediglich 10 bis 15 Prozent auf das Gymnasium.

* Ein Bekannter verbrachte mit seiner Familie seinen Sommerurlaub in Schweden. Er kam ganz überrascht zurück, weil er Kinder fragte, in welche Schule sie gingen, und zur Antwort bekam: »Halt in die Schule.« Eine Differenzierung kannten sie nicht. Dort ist das Schulsystem eingliedrig und dezentral, in Norwegen Grundschule und Sekundarstufe 1 und 2.

Auch wenn es derzeit erhebliche Bedenken und Widerstände gegen ein eingliedriges Schulsystem gibt, prophezeie ich, dass es, vor dem Hintergrund der Globalisierung und der extremen Unterschiedlichkeiten der Lernenden, ein eingliedriges Schulsystem mit inneren Differenzierungen geben wird.

Aus vielen Kanälen können heutzutage Wissensbestände gewonnen werden. Die Schule ist schon lange keine Alleininformantin mehr. Wichtig ist, die einzelnen *Wissen*arten zu unterscheiden, um dann zum entsprechenden *Können* zu gelangen:
– Alltagswissen, das wir als Basis zur Verfügung benötigen, um im Alltag klarzukommen, auch Verfügungswissen genannt
– Orientierungswissen, um uns in verschiedenen Welten auskennen, mitreden und mitentscheiden zu können: Politik, Wirtschaft, Industrie, Wissenschaft, Kultur, Sport (Wissen gibt Macht)
– Expertenwissen für spezifische Bereiche, Berufe, Surfen im Internet: der Mensch als Suchender (»Such-Maschine«). Sie dient der Fähigkeit zur Teilhabe.

Die Schule ist ein spezifischer Ort des Lernens neben anderen außerschulischen Orten geworden – mit der Gemeinsamkeit: »*Das Hirn lernt immer.*« (Manfred Spitzer) Deshalb sind Lehrerinnen und Lehrer auch *Hirnforschungsexperten* oder sollten es zumindest sein, mit dem Anspruch, Bescheid zu wissen, wie Hirne und Menschen lernen. Entsprechende Lektüre zu lesen und Fortbildungen zu praktizieren, ist dringend notwendig!

Die Rolle der Lehrenden hat sich geändert, weil sich die Anforderungen an sie geändert haben: Sie beobachten die Lernenden, begleiten sie beim Arbeiten, informieren, erläutern und klären, lernen mit ihnen (bringen ihnen nichts bei, weil dies die Kinder und Jugendlichen selbst tun). Sie schaffen günstige Lernbedingungen und arrangieren das Lernen (über Unterrichtsaktionen). Sie leben in Beziehungen zu den Schülerinnen und Schülern (Nähe, Vertrauen, Wertschätzung, diverse Rückmeldungen). Sie verändern nicht, sondern unterstützen die Entwicklung, die Kinder und Jugendlichen lernen durch sie: »Lernen am Modell«, durch Nachahmen. Die Lehrer müssen nicht motivieren, weil die Kinder und Jugendlichen »sich selbst bewegen« (movere = bewegen). Es gibt deshalb keine intrinsische und extrinsische Motivation, sondern *eine* Motivation = man kann andere nicht bewegen, das müssen sie selbst tun. Insofern ist der Beruf Lehrer nach wie vor die umfassende Bezeichnung, aber genau betrachtet sind sie Moderatoren, Begleiter, Dirigenten, Helfer, auch in seelischen Nöten, mit der unbedingten Forderung, ihre Aus- und Weiterbildung erheblich zu erweitern und sie damit zu professionalisieren.

Die Schule ist inzwischen eine Lernstätte, in der »die Welt«, im Kleinen wie im Großen, an der Tafel, im Internet (in verschiedenen Variationen) und in digitalen Medien »entdeckt«, betrachtet, reflektiert, ausprobiert wird und die Befunde evaluiert werden.

Die analoge Welt darf, besonders in der Schule, als »Ort der Muße und Ruhe«, auf keinen Fall vernachlässigt werden.

* Ich hatte über Jahre hinweg einen Lehrauftrag an einer Universität und habe ein Seminar für Lehramtsanwärterinnen und -anwärter mit dem Thema »Selbst- und Beziehungskompetenz« angeboten. Die Studierenden

standen jeweils Schlange, weil dieses Seminar das einzige in der Reihe didaktischer und fachdidaktischer Angebote war – mit vielen differenzierten
Wahrnehmungen, persönlichen Gesprächen, Interaktionen und Übungen.

Mein Fazit
Grundsätzlich gilt: Es gibt nur noch individuelle Lernpläne für die einzelnen Lernenden auf der Basis der eruierten körperlichen, geistigen und
seelischen Befindlichkeiten, Neigungen, Begabungen und Fähigkeiten.

Es gibt keine Ziffern- und keine Vergleichsnoten mehr, sondern nur
noch individuelle Lernfeedbacks: Beschreibung des Lernstandes mit angemessenen Begleithilfen.

Was früher *Natur*kunde hieß und später in Erdkunde, Chemie, Physik und Biologie, in Fächer, aufgeteilt wurde, sind jetzt personen- und
weltbewegende Themen, Aktionen und Projekte, erweitert durch Gesell-
schaftswissenschaften.

Dadurch erübrigen sich Lehrpläne und sogenannte Fächer für alle,
45-Minuten-Takte, Versetzungsprobleme, Sitzenbleiberschicksale und
Jahrgangsklassen. Realität hingegen sind Lernateliers, themenorientier-
tes Lernen in verschiedenen Stufen, Blockunterricht, Kurse und Projekte
inner- und außerhalb des Schulgebäudes.

Literaturhinweis:
Margret Rasfeld, eine erfahrene Schulleiterin und Mitbegründerin der
Initiative *Schule im Aufbruch* (!), hat, als ihr Lebenswerk, 2021 ein Buch
mit dem Titel »Frei Days« veröffentlicht, in dem sie vehement das der-
zeitige Schulsystem kritisiert und den radikalen Umbruch der gesamten
Schule fordert, und in dem sie vor allem für das eigenständige Lernen der
Kinder und Jugendlichen eintritt.

Ebenso Volker Arntz, Schulleiter der Hardtschule in Durmersheim,
der einen Beitrag in Pädagogik 6/2022 (S. 10-13) mit dem vielsagenden
Titel »Fangt an, über Lernen nachzudenken« geschrieben hat, in dem er
das Thema aus fünf Dimensionen sieht, nämlich persönlich, mit anderen
verbunden, eingebettet in das Ökosystem, evolutionär und divers.

Lebenswelten

Wenn Lernbegleiterinnen und Lernbegleiter über das *Lernen* und das Umfeld ihrer Schülerinnen und Schüler Bescheid wissen müssen, dann ebenso über deren *Lebens*welten.

* Mein »Schul«-Weg ist ein glänzendes Beispiel für einen Stoff- bzw. Lehrplan aus längst vergangenen Zeiten, der sogar mit meinem Lebensplan übereinstimmte (ca. 1950 bis 1970).

In der Volksschule mein Ort und meine nähere Heimat, in der gymnasialen Unterstufe Bayern, Mittelstufe Westdeutschland (DDR blieb ausgeklammert), Oberstufe Westeuropa mit Randbemerkungen der anderen Erdteile – und dies nur geografisch (via Atlas und Filme und ohne Reisen). Dazu fehlte meinen Eltern das Geld, um politisch, gesellschaftlich, wirtschaftlich, kulturell, sportlich »unterwegs« zu sein. Wie bereits erwähnt, waren es die *Schulen*, die mir die Welt eröffneten.

Schnitt
Heute, im Zeitalter der Globalisierung, ist es fast umgekehrt: Schülerinnen und Schüler teilen ihre Lebenswelt mit und erklären sie – in einer Breitbandschilderung von ortsansässig über europa- bis weltweit.

Die Gründe dafür sind augenscheinlich: Reisen, wirtschaftliche Exporte und Importe, industrielle Geschäftsbeziehungen, politische Verbindungen, Einwanderer, Flüchtlinge, Asylbewerbende, Kulturschaffende, Freundschaften, Kriegsgeschädigte, Menschen, die das »gelobte Land« suchen.

Und nun stehen sie vor unserer Schultür, Kinder, Jugendliche, Erwachsene, und wir öffnen sie, die Türen. Und wenn die Schulen äußerlich und innerlich aussehen wie bisher, dann werden sie fremd, erfolglos, enttäuscht bleiben … und die Insassen, hoffnungsvoll und neugierig, lern- und lebenshungrig, werden resignieren, teilnahmslos und lebensweltlich heimatlos sein.

Nein: Die Welt und damit die Personen mit all ihren Erlebnissen, Erfahrungen, Schicksalen und Lebensgeschichten kommen in die Schule. Alle können wir voneinander lernen und profitieren, wenn wir die Schule als lebendige Institution wahrnehmen und akzeptieren: Der Lehrplan ist ihr *Leben*, mit dem Namen *Erfahrungs*plan. (Vor 70 Jahren in meiner Volksschule: 60 Jungen, alle katholisch, zwei davon Flüchtlinge. Ende!)

Heute gibt es keine aufgesetzten und indoktrinierten (Die-Schüler-sollen-)Lehrpläne mehr, sondern integrierte Pläne, die die Welt (in der die Kinder und Jugendlichen leben) schreibt, die nicht allübergreifend und einseitig sind: in Berchtesgaden anders als in Kiel, in Füssen anders als in Hof, in Berlin anders als in Kleinheide oder Großfeld.

Es gilt, Abschied von Lehrstoffen, Bildungsplänen, Prüfungszwängen und Einheitsabitur zu nehmen und Respekt vor individuellen, lokalen, regionalen und überregionalen Lernausflügen zu haben. Von der Kita bis in die Arbeitswelt kommunizieren und kooperieren Alt und Jung, Schwarz, Gelb und Weiß, konfliktintensiv, aber nicht destruktiv, sondern mit Sehnsucht nach Plätzen in der Welt ohne Bedrohung.

* Dass das geht und wie, zeigt ein Projekt, das ich moderierte. Ich komme mit einem Berufsschullehrer ins Gespräch, der sich in einer seiner Klassen mit erheblichen Rechts- und Linksradikalen konfrontiert sieht (Jugendliche *und* Erwachsene). Er möchte aktiv werden und mit ihnen reden, in einer Mischung aus Verständnis und Grenzziehung. Ich schlage ihm vor, dreischrittig vorzugehen und in der Klasse sein Gesamtvorhaben zu sagen.

1. Mitteilung der Äußerungen
Er bittet die Schülerinnen und Schüler, aufzuschreiben, was ihnen einfällt und missfällt, und zwar in verbalen Äußerungen und gewünschten Tätigkeiten: »Es ist alles erlaubt!«, fügt er hinzu.

Zunächst Zurückhaltung. Was soll das … und nach und nach beginnen sie, allein, zu zweit, zu dritt in kleinen Schritten … Es dauert. Und es geht deftig, knallhart, sexistisch zu. Die Zeilen im Computer mehren sich.

Wer mag, liest vor, von zögerlich bis laut und marktschreierisch. (Ich möchte ... Die sollen ... Ich finde ... Alles Scheiße). Weil jede/r drankommen will, gibt es kein Durcheinander, hinterher zwar Diskussionen, aber keine ablehnenden Widerstände, weil der Lehrer nicht bewertet. Was geschrieben ist, ist geschrieben. Pause!

2. Sammeln der Motive

Im zweiten Schritt fragt der Lehrer, was denn ihre Gründe, Motive sind, dass sie so denken, dafür, wie gehandelt haben und es auch weiterhin tun wollen. Da stutzen sie, weil diese Frage für sie ungewohnt war. Sie brauchen etwas Hilfe, Klärung durch Beispiele. Es fällt ihnen zunächst schwer, u. a. Gefühle zu äußern. Sie notieren: Wut, Ärger, Sorge, generell Angst, Zukunftsangst, Arbeitslosigkeit, Armut, Frust, kein Knast, aber King sein, anerkannt, ausgestoßen sein, abgelehnt, Mobbing, hilflos, der letzte Dreck ... (In dieser Runde keine einzigen abfälligen Bemerkungen.) In der Luft liegt eher Hilflosigkeit als Aufruhr.

Was die meisten erstaunt und teilweise still macht, ist die Übereinstimmung der Motive. Es lag so etwas wie eine Solidarität im Raum. Mittagspause – bis nachher. Der Lehrer kann sie gut ziehen lassen.

3. Durchführung von Aktionen

Es wäre naiv, zu glauben, dass alle »geläutert« zurückgekommen wären. (So rasch können sich gewohnte Handlungsmuster und unbeachtete Seelen nicht auf Neues einlassen.)

Am meisten hat sie beschäftigt: Was denken denn die anderen von mir, wenn ich plötzlich umkippe? Deshalb gibt es Gespräche in kleinen Gruppen und zum Abschluss ein Plenum mit der Aufgabe, sich Alternativen zu überlegen. Der Lehrer gibt keine Kommentare und Belehrungen. Er ist neugierig, was kommen wird. (Mein Eindruck ist, dass die jungen Menschen erstaunt waren, dass sie ohne *Vorwürfe und Gegenattacken* angehört wurden.)

Fortsetzung zwei Tage später

Innerhalb der Gruppe gibt es keine lautstarken Angriffe. Die Stimmung ist eher ruhig, gelassen und auf die Arbeit konzentriert. Der Lehrer fragt nicht nach, insistiert nicht und ist sich bewusst, dass die Schülerinnen und Schüler Zeit brauchen. Es gibt ja nicht nur Einzelne, sondern auch Personen, die außerhalb der Schule in Gruppen involviert sind, nicht ohne Weiteres aussteigen oder ihre Meinung ändern können. Es geschieht einiges in ihrem Innern – und vor allem: Der Lehrer muss im Klassenzimmer nicht mehr Frieden stiften. Es findet kein Krieg mehr statt.

Es gibt auch andere Themen, nicht aus dem Lehrplan, sondern aus dem hautnahen Lebensplan – und die Arbeit ist auch dadurch motiviert, dass sie sich ihrer eigenen Gefühle bewusst geworden sind und sich fragen und mit dem Lehrer klären: Wie bekommen wir Arbeit?

Wie schaffen wir es, die Emissionen zu reduzieren? Wie gehen wir mit dem Klimawandel um? Mit der Bedrohung unserer Lebensräume: Luft, Wasser, Nahrung – in 20 Jahren sind wir erst 40!

Was müssen wir über Ökologie und Ökonomie wissen? Dies alles sind *ihre* Fragen als Jugendliche und Erwachsene, zusammen mit vielen anderen im Kontext der *Lebenswelten*, lesbar in ihren Köpfen und Herzen und nicht nachlesbar in gescheiten Lehrbüchern.

Bildung

- Schüler sind an guten Noten interessiert.
- Eltern sind an guten Leistungen und Noten ihrer Kinder interessiert.
- Lehrerinnen und Lehrer sind am Bildungsplan, vorwiegend am Fächerkanon, interessiert.
- Schulleiterinnen und Schulleiter sind an guten Lehrern interessiert.
- Die Schulverwaltung ist an einem reibungslosen Schulablauf interessiert.
- Die Kultusministerien sind an anständigen Bürgern interessiert.

Wer ist eigentlich an Bildung interessiert?

Ich habe nur ganz selten Schulleute erlebt, die von sich aus das Thema Bildung angesprochen und diskutiert haben. Meist musste ich selbst auf sie zugehen und sie befragen, was sie unter Bildung verstehen. Ich bekam folgende Antworten (R. Miller 2017: Als Lehrer souverän sein, S. 50):

- die Fähigkeit, am öffentlichen Leben gestaltend teilnehmen zu können und es auch zu wollen
- sich in Zukunft in der Gesellschaft auf der Basis eines solidarischen und demokratischen Umgangs miteinander zurechtzufinden
- die Aneignung von Wissen in möglichst vielen Bereichen, um das Leben vielfältig gestalten zu können
- die Aneignung von Kulturgütern, die für die einzelne Person und für die Gesellschaft von Bedeutung sind
- die Summe von Wissen und Verhaltensweisen, über die ein Mensch zur erfolgreichen Bewältigung gesellschaftlicher Anforderungen verfügen muss
- die Vernetzung von Kenntnissen und Verhaltensweisen, die den Menschen befähigen, in seiner Lebenswelt zu bestehen und sie kompetent mitgestalten zu können
- Wissen zu haben, es angemessen anzuwenden und mit anderen in der Gegenwart zu arbeiten und für die Zukunft zu planen
- das Zusammenwirken von Wissen, Fertigkeiten und Verhaltensweisen, die es dem Einzelnen ermöglichen, selbstständig zu sein und gesellschaftliche Belange mitzugestalten
- Bildung ereignet sich in der Begegnung des Menschen mit der kulturellen Wirklichkeit (W. Klafki)
- Bildung ist, was der sich bildende Mensch aus sich zu machen versucht; was dem Menschen ermöglicht, in einer geschichtlichen Welt in der Gemeinschaft zu leben (H. v. Hentig)
- den Begriff »Herzensbildung« habe ich niemals gehört!
- Precht nennt das Orientierungswissen »die wahre Bildung des 21. Jahrhunderts« (S. 468)
- Und befragt man Laien, so verstehen sie unter Bildung vorwiegend

berufliche (Aus-)Bildung, meinen aber häufig »sich bilden« im Sinne von lernen oder sich weiterbilden.

Den genannten Sichtweisen sind vier Bereiche gemeinsam: (1) Erfahrungen, Wissen, Kenntnisse; (2) Reflexion, Verstehen; (3) Können, Fähigkeiten; (4) Einstellungen, Haltungen.

So gesehen ist Bildung eine Vernetzung dieser Bereiche und ein Prozess, sodass ein gebildeter Mensch nicht ein »fertiger, reifer« Mensch ist, sondern eine Person, die mit ihrem Wissen und Verstehen, mit ihrem Können und ihren Haltungen auf dem Wege ist. Und es gibt keinen einzigen Menschen, dem es zusteht, eine *allgemein*gültige Definition von Bildung aufzustellen.

Es wird deutlich, dass Menschen nicht dadurch gebildet sind, welchen Schulabschluss sie haben, welchen Beruf sie ausüben, in welchen zwischenmenschlichen Beziehungen sie leben, welche herausragenden Leistungen sie erbringen und wie berühmt sie sind.

Experiment, zum Mitmachen.
1. Sie haben eine Vorstellung, was ein gebildeter Mensch ist.
2. Ich gebe Ihnen sechs Bereiche vor, in denen Sie jeweils maximal fünf Personen auswählen, die Sie für gebildet halten: Prominente aus den Medien, Politikerinnen und Politiker, Leute aus Wirtschaft und Industrie, Kulturschaffende, Sportlerinnen und Sportler sowie Wissenschaftlerinnen und Wissenschaftler.
3. Vorschlag: Treffen Sie zunächst Ihre Entscheidung allein, und teilen Sie diese dann im Zusammensein anderen mit – und vergleichen Sie im Anschluss Ihre Auswahl. Ich vermute eine rege Diskussion!

Der Bildungsbegriff, die Diskussionen darüber, was Bildung ist, verschwinden allmählich aus unserer Wirklichkeit. Konkret: Sie ist nicht mehr gefragt – in der Schule jedenfalls nicht. An deren Stelle sind es andere Themen, die die Lehrerschaft, die Schülerinnen und Schüler, die Eltern beschäftigen in Bezug auf *schulische* Belange.

- Lehrerinnen und Lehrer: Disziplin, fachlicher Austausch in den Arbeitsgruppen, didaktische Fragen, Schülerverhalten, Notengebung, Planung und Organisation
- Schülerinnnen und Schüler: Kontakte untereinander, Notengebung, Hausaufgaben, Fächerdiskussion, Pauken, Prüfungen
- Eltern: Notengebung, fachliche Inhalte, Hausaufgaben, Lern-, Leistungs- und Berufsberatung, Verhalten ihrer Töchter und Söhne, Mitarbeit im Elternbeirat, Austausch mit anderen Eltern

Mein Fazit

Das Wort Bildung wird in der Schule in den Wörtern Bildungsplan (in dem Bildung keine Relevanz hat), Fort- und Weiterbildung, berufliche Bildung und Bildungsabschluss verwendet.

In den Kollegien und unter den Eltern ist Bildung als ein menschlicher Wesenszug kein Thema. Ich selbst habe ihn in diesem Sinne nie verwendet, bis zum heutigen Tag, bevorzuge deshalb Begriffe wie Selbstverantwortung, Klarheit, Offenheit, Respekt, Wertschätzung, Empathie, Grenzziehung – und zähle diese Verhaltensweisen zu den *charakterlichen* Eigenschaften. Anstelle von Bildungsplänen spreche ich lieber von Lernplänen für die Schülerinnen und Schüler und von Inhalts- und Methodenkatalog für die Lehrerinnen und Lehrer in Absprache mit den Lernenden.

Und die Aussicht: Es wird Personen geben, die Bildungsprozesse begleiten, in denen *Kompetenzen* gesucht, beschrieben und von den Lehrkräften eingefordert und mit den Schülerinnen und Schülern multipliziert werden.

Schulqualität

Die *Kinder* und *Jugendlichen*, die in die Schule kommen, haben alle ihre eigenen Qualitäten, eigenen Lernwelten, die sie mit- und zum Ausdruck bringen. Sie sind der Ausgangspunkt des (Weiter-)Lernens in der Schule. Deshalb ist es von größter Bedeutung, dass Lehrerinnen und Lehrer sie kennenlernen, damit sie wissen, wo und wie sie anknüpfen können.

Qualität ist ein Begriff, der Gütekriterien verdeutlich, im Gegensatz zur Quantität, in der es um Mengen geht. Wenn in der Schule über Qualität gesprochen wird, dann muss sie – in Bezug auf die Schülerinnen und Schülern – als Wissensbestände, Fähigkeiten, Können und Verhaltensweisen beschrieben werden. Die unterschiedlichen Ergebnisse der Kinder und Jugendlichen münden dann nicht in Jahrgangsklassen, sondern in differenzierten Lerngruppen.

Ich renne offene Türen ein: Die Konsequenzen sind dann keine Lehrpläne mehr, die sich Experten auf der Basis der Wünsche der Eltern, der Forderungen von Wirtschaft und Industrie, des Staates und anderer Interessensgruppen ausdenken, sondern Lernpläne, die die Lebensgeschichten der Kinder und Jugendlichen, deren Erfahrungen, deren innere und äußere Welten, regional und global, deren Neigungen und Neugier, zum Inhalt haben. Es ist – durch die umfassenden »Weltveränderungen« – nicht möglich, »für die Zukunft zu lernen« (die Halbwertzeiten verändern sich rasant). Sondern: Die Zukunft ist die Gegenwart (siehe Schlussteil).

* Ich kenne einige Schulen, die den Titel »Schule für das Leben« tragen. Sie sind vor allem in sozialen und pädagogischen Brennpunkten zu finden:

– Es kommen Kinder und Jugendliche aus allen Ländern, jeglichen Alters, mit den unterschiedlichsten Lebenserfahrungen und all den Fähigkeiten in die Schule, die sie bisher das *Leben* »lehrte«.

– Sie kommen, bleiben kurz oder lang, mit und ohne Eltern, meist arm und mittellos, offen, neugierig, verschüchtert, zunächst schweigsam, kaum einschätzbar.

– Das Motto der Schule heißt: Jede und jeder ist willkommen. Du bestimmst und wählst aus von dem, was wir anbieten und was du tun, was du lernen möchtest – Lernhelfer begleiten dich (Jüngere, Ältere, Erzieherinnen und Erzieher, Lehrerinnen und Lehrer). Es gibt für niemanden einen Plan, aber für alle eine Vielfalt von Angeboten.

Rührend:
a) Eine Lehrerin erzählt, dass plötzlich einige Hausschuhe, die der Schule gehören, auf dem Gang verschwunden waren, bis sich herausstellte,

dass Kinder sie mit nach Hause genommen haben, weil sie dort keine hatten.

b) Es fiel auf, dass manche sehr oft auf die Toilette gingen … bis sich herausstellte, dass sie zu Hause keine so schöne, glänzende hatten. Tests, Prüfungen und Noten gibt es keine, weil nicht die »Lehrpersonen« prüfen, sondern die Schülerinnen und Schüler von sich aus zu ihnen kommen, wenn sie den Eindruck haben, dies oder jenes bereits zu können. Sie bekommen dann Rückmeldungen über ihren Lernstand, ihr Wissen und Können – mit Hinweisen und Hilfen.

– Die Inhalte suchen sich die Lernenden aus. Die Methodenauswahl richtet sich nach ihnen; und die Entscheidung, allein, zu zweit oder in Gruppen zu lernen, treffen ebenfalls sie.

– Der Begriff Unterricht mutiert zu Lernarrangements. Eltern oder andere Angehörige haben – nach Absprache – Zugang zur Schule, beobachten, helfen mit.

Ich sehe eine Parallele: Es gibt keine Hinweise auf spätere Erwerbsarbeit mehr, sondern ein Tun, das für die Einzelnen im Jetzt sinnvoll ist. Und es finden Entwicklungen in der Schule statt, wie andernorts auch – die sich nach der Schule im Privatleben, in Berufen und der Gesellschaft weiterbilden.

Promoter sind der Staat, die gesellschaftlichen Einrichtungen, die Wirtschaft, die Industrie, die Kultur und jede einzelne Person als Teil dieses Gesamtsystems.

Ich erinnere an die Studien von John Hattie (Jg. 1950), in denen er die Ansicht vertritt, dass es vor allem auf die Lehrperson ankomme, wenn Schülerinnen und Schüler Erfolg haben.

Ich teile (als Beziehungsdidaktiker!) nicht das »vor allem«, sondern bin der Meinung, dass es auf das gesamte System und all seine Arrangements ankommt, zu denen die Lernenden Zugang haben, auf die Freiwilligkeit (= keine Schulpflicht) und auf die Freiheit ihrer Tätigkeiten.

Es kann von Schul*qualität* keine Rede sein, wenn die einzelne Schule rufgeschädigt ist oder wird, wenn die Lehrpersonen mit Angst ihren Beruf ausüben, wenn die Lehrpläne und didaktischen Maßnahmen bei den Schülern Unlust, Interesselosigkeit und Zerstörungswut hervorrufen, wenn im Internet beleidigende und hasserfüllte »Freibriefe« veröffentlicht werden.

* In dem Film Feuerzangenbowle wird die Schule, werden die Lehrer auf den *Arm* genommen (!) – mit den Worten am Ende, dass die Schule doch »geliebt« wird.

Wir brauchen sie, als gesundes System, wenn sie und weil sie eine Einrichtung ist, in der sowohl sachliche, persönliche wie beziehungsintensive, wie politische, wirtschaftliche wie kulturelle und besonders gesellschaftliche Wirklichkeiten ihr Zusammentreffen haben.

Und schließlich: Qualität kostet auch immer Anstrengung, bringt manchmal Enttäuschungen und bringt, so hoffe ich, auch Genugtuung und Freude mit sich.

Wie es in der Gemeinschaftsschule Alemannenschule in Wutöschingen (Südschwarzwald) der Fall ist, in der das Kollegium zwei Vorhaben gleich auf einmal in Angriff nimmt (siehe J. Falck, S. 42 ff.):

a) Die autonome Einführung der 35-Zeit-Stundenwoche mit einem Arbeitsplatz für jede Lehrperson anstelle von unzumutbaren Engplätzen im Lehrerzimmer

b) Die radikale Änderung der Lernqualität, indem die bisherige Lehrerrolle zur Lernbegleitung und Lernhilfe mutiert, begründet durch die Erkenntnis, dass das Lernen im Mittelpunkt steht und die *Lehr*anteile sich in Lernateliers um die Schülerinnen und Schüler ranken.

Individualität

Im Abschnitt Schulqualität wurde deutlich, wie sehr es auf die Einzelnen, auf die *Individuen* im System Schule ankommt. Ich habe im Laufe meiner langjährigen »Schulzeit« Geschichten gesammelt, in denen Kleine und Große, Jugendliche und Erwachsene vorkommen, also Schülerinnen und Schüler, Lehrerinnen, Lehrer, Eltern und Hausmeister. Erlebtes und Narratives eben ... und alle sind *Individuen*!!!

* Ich komme eines Morgens an einer Schule vorbei und sehe, wie ein Mann jedem Kind die Hand gibt, Mädchen wie Jungen. »Ich bin der Hausmeister«, sagt der Mann zu mir. »Ich begrüße alle jeden Tag, schon seit 20 Jahren. Sie warten schon darauf.«

* »Ich habe gestern einen Geist gesehen«, sagt Christine. »Den gibt's ja gar nicht«, antwortet der Lehrer. »Doch«, sagt das Mädchen, »sonst gäbe es doch kein Wort dafür.«

* Die Katze war das Thema in der letzten Stunde. Der Lehrer zeichnet die Umrisse an die Tafel, ohne Schwanz und fragt: »Was fehlt denn der Katze?« 24 Kinder notieren: »der Schwanz.« Marlies jedoch schreibt: »Ein Schälchen Milch.«

* Tobias ist gern allein. Eines Tages bemerke ich ihn auf dem Gang, auf dem Weg zum Ausgang. Ich schaue ihn nur an und begleite ihn mit meinen Augen. Da dreht er sich um, deutet auf die Tür des Klassenzimmers und sagt: »Da drin ist es mir zu laut.«

* Die Lehrerin hat mit den Kindern die Heuschrecke durchgenommen und fragt zur Überprüfung Karli, wie viele Beine sie habe, der vor ihr sitzt (und sie weiß, dass er in schwierigen Familienverhältnissen lebt). Karli runzelt die Stirn und sagt dann: »Frau Kosel, Ihre Probleme möchte ich haben.«

* Das Fernsehen ist da. Aufregung in der ganzen Schule. Ein Dreierteam macht eine Reportage über »Lebendige Schule«. Die Kinder lernen für sich oder zu zweit. Der Lehrer sitzt am Pult und arbeitet am PC. Manchmal geht jemand auf ihn zu und bespricht mit ihm etwas. Die Reporterin fragt, was denn die Kinder lernen würden.

Und bekommt zur Antwort: »Ganz einfach, sie beobachten mich und lernen, wie man sich konzentriert.«

* Janosh ist nicht aus der Ruhe zu bringen. Das nervt den Lehrer, denn der ist genau das Gegenteil. Während eines Wandertags ist Janosh am Ende der Schülerschlange anzutreffen. »Auf, auf«, ermuntert ihn der Lehrer und schubst in an der Schulter nach vorn. Da sagt der Junge seelenruhig und aggressionsfrei: »Ich bin nicht Ihr Reitpferd, sondern Janosh.« Das saß. Und plötzlich befand sich der Lehrer in der letzten Reihe, nachdenklich.

* Regina kaut oft Kaugummi. Die Lehrerin spricht sie daraufhin an und merkt, dass Regina Zeit zum Antworten braucht. Später geht sie auf die Lehrerin zu und sagt: »Wenn ich Kaugummi kaue, so beruhigt mich das, und ich muss nicht immer meine Finger in den Mund stecken und Nägel beißen.« Die Lehrerin nickt verständnisvoll.

* Montag, nach dem ersten Adventssonntag, erste Stunde. Die Mädchen und Jungen sitzen um eine Adventskerze, beschaulich und besinnlich ist die Stimmung. Da geht die Tür auf, Ted stutzt, durchbricht den Kreis und wirft seine Jacke auf die Kerze. Sie verlischt. Grinsend feixt er: »Was soll der Scheiß?« Sprachlos reagieren die anderen, und der Lehrer sagt: »Jetzt hast du was kaputtgemacht.« Schweigend gehen alle auf ihre Plätze. Und Ted? Er lebt in einer Familie, in der es nur Kälte gibt. Wärme ist ihm fremd. Als er sie im Klassenzimmer wahrnimmt, muss er sie zerstören, weil er die Wärme nicht aushält.

* Im Schullandheim ist eine Magen-Darm-Grippe ausgebrochen. Es hat fast alle erwischt, auch die beiden Lehrpersonen. Die wenigen anderen Gesunden kümmern sich rührend um die Kranken. Drei Tage später gelangen sie in ihrem Heimatort an. Die Eltern bedanken sich herzlich, der Abschied untereinander ist ebenso herzlich. »Bis morgen«, sagen sie. Sie sind eine Gemeinschaft geworden. Was ein Virus alles bewirken kann.

* Im Religionsunterricht wird das Tischgebet thematisiert. Der Lehrer fragt einen Schüler, ob er in seiner Familie zu Hause vor dem Essen beten würde. »Nein«, meint dieser. »Unsere Mutter kocht gesund.« Das meinte er ernst und nicht verächtlich.

* Der Lehrer ist über die Leistungen in der Klasse frustriert, und es fährt aus ihm heraus: »Ihr seid wohl zu blöd für das Gymnasium!« Sein Ausbruch tut ihm leid, und er entschuldigt sich. Am anderen Tag sagt der Klassensprecher zu ihm: »Wir finden es cool, dass Sie sich entschuldigt haben. Und wenn Sie wieder mal Probleme mit uns haben, dann sagen Sie es uns. Mit uns kann man reden.«

* Während eines Ausflugs trägt Lehrer F. eine Baseballkappe, Schild im Nacken. Er kommt sich super vor, bis Dandy auf ihn zukommt und ihm die Mütze umdreht mit den Worten: »Steht Ihnen besser so. Sie müssen uns nicht nachmachen. Wir mögen Sie auch so!«

* Kevin hat einen Mitschüler zusammengeschlagen. Die Vertrauenslehrerin spricht Kevin daraufhin an. Er hat sich wieder beruhigt und sagt: »Mein Vater hat zu mir gesagt, wenn ich der King sein will, dann soll ich zuschlagen. Und ich will der King sein! Mich und meine Mutter schlägt er auch. Und irgendwann schlage ich zurück!«

* Feride zum Mathelehrer, während einer Pause: »Ich bin so froh, dass wir Sie in Mathe haben. Wir kapieren fast alles, weil Sie so gut erklären.« »Oh, das freut mich aber«, antwortet Herr K. Und während er weitergeht,

ruft das Mädchen ihm nach: »Hoffentlich kriegen wir Sie auch wieder im nächsten Jahr!«

* Lehrer O. ist gefürchtet, weil er öfter die Jungen und Mädchen bloßstellt und ausfällig wird. Als dies wieder mal der Fall ist, stehen alle Schülerinnen und Schüler still auf, packen ihre Sachen zusammen und verlassen das Klassenzimmer. Im Hinausgehen sagt der Klassensprecher: »Herr O, solange Sie uns so behandeln, werden wir nicht mehr in Ihren Unterricht kommen.« Kein Kontern, sondern selbstbewusstes kollektives Auftreten.

* Psychologiekurs, letzte Stunde im Schuljahr. Die Kurssprecherin gibt dem Psychologielehrer einen Blumenstrauß und einen Kuss auf seine Wange: »Das, was Sie uns beigebracht haben, haben Sie uns auch immer vorgelebt.«

* Herr X ist nach der großen Pause immer Letzter auf dem Weg in die Klassen. Zu mir sagte er einmal, dass er froh sei um jede Minute, in der er weniger unterrichten müsse. Die anderen wüssten Bescheid und wären großzügig, auch der Schulleiter. Zu mir murmelt er: »Ich schaffe das, ich schaffe das ...«

* Frau G. kommt in die letzte Supervisionssitzung vor den Ferien, geknickt und unglücklich. Mittendrin sagt sie: »Und wieder ist es mir nicht gelungen, dass alle das Abi geschafft haben. Ich mache mir die größten Vorwürfe.« Das anschließende Klärungsgespräch hilft ihr zur Erkenntnis, dass sie das Ihre getan und dass alles Weitere nicht in ihrer Hand gelegen hat.

* Französischunterricht: Die Lehrerin leidet darunter, dass die Schülerinnen und Schüler so gar kein Interesse an diesem Fach haben, und erzählt dies einem Kollegen. Der hört ruhig zu und fragt: »Waren Sie schon mal in einer Diskothek?« »Ich, nee!! Ist doch für mich eine fremde Welt!« Darauf

der Kollege: »Französisch für ihre Gruppe auch …« Alt und Jung, sie leben öfter in verschiedenen Welten.

* Herr N. ist Rechtsanwalt und macht der Lehrerin heftige Vorwürfe, weil sie seinem Sohn keine Empfehlung für das Gymnasium gegeben habe. Nach einigen Erklärungen der Lehrerin entschuldigt er sich und sagt: »Ich bin halt besorgt. Was meinen Sie, wer denn dann in 15 Jahren meine Kanzlei übernimmt?«

* Frau T. unterrichtet Deutsch und weiß, dass ein Vater Germanist an der Universität ist. Die Arbeiten seines Sohnes korrigiert sie besonders genau. Als sie den Vater auf einem Schulfest begegnet, »beichtet« sie ihm ihre »Nöte«, worauf der nur lacht und freundlich antwortet: »Ich kümmere mich nicht um die Hausaufgaben meines Sohnes. Die übernimmt meine Frau.« Prost!

* Plötzlich steht Herr D. vor dem Rektorat, sieht den Schulleiter und sagt: »Ich habe gehört, dass Sie mehrfach Unterrichtsausfall haben. Ich bin Informatiker und könnte ein paar Mal aushelfen.« Worauf der Rektor erleichtert antwortet: »Dann mach ich einen Grobplan mit Ihnen und den anderen. Das Rechtliche kriege ich schon hin!«

* Grundschule: Ich stehe mit einer Schulleiterin im Pausenhof und sehe, wie die Kinder zur Pause in den Hof kommen, ohne irgendwelche Rempeleien. »420 Kinder haben wir«, sagt sie zu mir. »Sie sind unser ganzer Reichtum« – und ich sehe Glanz in ihren Augen. Auch ich bin ganz berührt.

Kreativität

Es gibt eine Sendung im ARD-Programm mit dem Titel »Klein gegen Groß«, in der Kinder gegen Erwachsene in verschiedenen Sparten mit beeindruckenden Fähigkeiten und erstaunlichen Verhaltensweisen antreten. Es ist schier unglaublich, was die »Kleinen« (zwischen fünf und 13/14

Jahren) sich »alles« zutrauen, machen, können – und häufiger gewinnen als die Großen.

Mich fasziniert immer wieder, was die Kinder den Zuschauern über sich persönlich erzählen. Die jeweiligen Einspieler zeigen eindringlich Tätigkeiten und Verhaltensweisen, die Staunen machen. Ihre Neigungen sind der Motor für ihr Handeln, ihre Motivation manche Hürdenüberwinder.

Besonders fällt mir auf, mit welcher Selbstverständlichkeit sie auftreten, selbstbewusst und mit »geschwollener Brust«. Kreativität ist kein Wort für sie, sondern die Sammelbeschreibung von Durchhaltevermögen, Ausdauer, Ehrgeiz, Zielorientierung, Freude, Lust und »Ich schaff das!«.

Und dann erfahre ich auch durch sie, wie ihr Alltag aussieht, und bin baff: Sehr früh aufstehen, weil sie vor der Schule noch zum Training gehen, in der Schule mitarbeiten, so gut sie können, manchmal noch etwas müde, nach der Schule meist wieder ins Training, abends Hausaufgaben machen. Ihr Interesse ist so groß, dass sie Zeit aufwenden und auf Freizeit verzichten.

Sie lernen, ihre gesteckten Ziele anzustreben ohne Belastungen für andere. Ihre Eltern, Geschwister oder andere Angehörigen unterstützen sie, ihre Zimmer sind voll von Gegenständen, die auf ihre Vorhaben hinweisen. Ihre Pokale zeigen sie mit Stolz, und ihre Vorhaben planen sie gewissenhaft. Ihre Ideen sind fast grenzenlos und ihr innerer Antrieb ist kaum zu bremsen: Die eine übt stundenlang Geige, der andere verbringt seine Zeit auf dem Bauernhof, wieder eine hat ihre Liebe zum Kochen entdeckt. Für viele andere ist ihr Hirn der beste Freund, für wieder andere die Muskeln. Und manche träumen von Olympiamedaillen!

Zugegeben, es handelt sich hier um Momentaufnahmen und um keine Sicherheiten für die Zukunft. Deutlich wird aber, was Menschen zuwege bringen können, wenn sie kreativ, das heißt, schöpferisch tätig sein dürfen, wenn sie Freude an ihrem Tun haben.

Ich halte inne und denke an meine Schulzeit. Damals war ich ähnlich interessiert, neugierig, lernfreudig, intelligent genug, die Volksschule spielerisch zu meistern, und gehörte zu den vieren (von sechzig), die für das Gymnasium auserwählt wurden. *Da hörten dann Spiel und Spaß auf.*

Ich sehe heutzutage auch viele Schulanfänger vor mir, mit welcher Freude, Neugier, mit welchem Elan und welcher Begeisterung sie über die Eingangsschwelle mit einer Schultüte treten, die oft größer ist als sie selbst. Die Eltern sind meist dabei: voller Erwartung, voller *Wünsche und mit einem Korb voll von Appellen.*

Schnitt
Und dann lasse ich meine Tätigkeit als Schulexperte Revue passieren in einer Mischung aus Zuversicht, Freude und, leider auch, Bedauern über Kinder und Jugendliche, die im Laufe der Zeit schulmüde werden, resignieren, mit Nullbockmentalität ihre Zeit versitzen, die sich in die Depression retten oder aggressiv und destruktiv gegen sich selbst und alles werden, was ihnen in den Weg kommt.

Was muss alles (?)mit ihnen und um sie herum passiert sein?

Die Schulgründungen in Preußen hatten zwei Hauptziele: a) schreiben, lesen, rechnen lernen und b) gebildet werden. Wilhelm von Humboldt war der Initiator und scheiterte.

Die industrielle Revolution brachte den zweiten Schub: Berufsvorbereitung und Gelderwerb durch Arbeit. Sie waren jetzt die Hauptziele. Dies blieb lange so, bis zur Mitte des 20. Jahrhunderts – detailliert in drei Qualitätsstufen: Volksschule für alle, Hauptschule für die meisten, Realgymnasien für die Naturwissenschaftler und Humanistische Gymnasien für die Eliten, gefördert, erwünscht und gefordert vom Staat, der Gesellschaft, von Industrie und Wirtschaft. (Ich frage mich bis heute, wie das humanistische Kapital der Gymnasien ausgesehen haben muss, wenn die Generäle – mit Abitur – Hitlers Untertanen waren, zumindest die meisten.)

Gegenwärtig wird deutlich, dass die Schule keine Wissensvermittlungsinstitution und keine Berufsförderungsinstanz mehr ist, quasi Zulieferer für die beruflichen Bedürfnisse, dass sie nicht mehr auf das Leben *vorbereitet*, weil sie bereits mitten im Leben *steht*. Diese moderne, zeitgemäße Schule hat vier zentrale Aufgaben:

(1) Sie bietet allen Lernwilligen, die ohne Schulpflicht kommen, soge-

nannte Lernwelten an, in denen sie ihre Neigungen, Interessen, Kreativität, Bedürfnisse und Wünsche realisieren können.

(2) Ziel ist nicht mehr das Erlangen einer Erwerbsarbeit, sondern die Freiheit der Wahl (angesichts der Aussicht, dass Roboter einfache Arbeiten ausführen und dafür benutzt werden).

(3) Was wir bereits erleben: Globalisierung, Digitalisierung, Weltschädigungen, Kampf um Nahrung, Luft und Wasser, Naturkatastrophen und Kriege. Und weil wir noch mehr erleben werden müssen, nötigt dies der Schule Lernangebote ab, die unser zwischenmenschliches Verhalten mit Inhalten wie Selbstbewusstsein, Belastbarkeit, Rücksichtnahme, Empathiefähigkeit, Verzichtshaltung und Begrenzung kultivieren und humanisieren.

(4) So betrachtet, wird das System Schule ein Ort sein, in dem Sinn erreicht wird (siehe auch Precht, S. 457 ff.). Diese sinnerfüllte Schule hat dann folgende Charaktermerkmale:

- Sie bietet an, statt einzufordern, zu beurteilen und auszuwählen.
- Sie praktiziert offenes Lernen (in einer offenen, globalisierten Gesellschaft).
- Die Lernenden sind keine Objekte, sondern Subjekte ihres Handelns. Dadurch (ver-)schwinden Widerstand, Frustration, Resignation, Flucht, Depression und Aggression der Lernenden und Gesundheitsschädigungen der Lehrerschaft.

Bei all dem spielt Kreativität eine große Rolle, weil schöpferische Fähigkeiten ggf. Leben zu erhalten und Destruktionen zu vermeiden hilft.

Das alte System unterdrückt durch Appellisierungen die Kreativität oder tötet sie: permanent Vorschriften, Anweisungen, Lenkungen, Gebote, Verbote, verbalisiert durch »Du sollst, du musst, du darfst nicht ...« und nonverbal durch Strafen.

* Ein berühmter Pianist wurde von Eltern gefragt, wie viele Stunden ihr Sohn denn Klavier üben müsse, um ein berühmter Pianist zu werden. Sie bekommen zur Antwort: »Bremsen müssen Sie ihn, bremsen!«

Globalisierung

* Ich wuchs in einem durch und durch katholischen Ort auf und war ca. 11/12 Jahre alt, als ich mitbekam, dass es auch Evangelische gibt. Ich freute mich jeden Tag auf die Schule, von Anfang an, weil ich dort schreiben und lesen lernte (was meine ältere Schwester schon konnte). Zu Hause gab es nur ein Radiogerät mit einem Sender, Fernsehen und Kino sowieso nicht – und in der Schule Bilder von Säugetieren, Fischen, Vögeln. Und ich war immer neugierig auf Neues. Kurzum: Die Schule eröffnete mir die Welt (und in den Ferien kam bald Langeweile auf).

Die Großstadt, kriegszerbombt und 90 Kilometer entfernt, sah ich zum ersten Mal mit 14 Jahren – und mit 18 Jahren erlebte ich die erste Auslandsreise, drei Tage in London im Rahmen eines Chorwettbewerbs.

Zusammengefasst ergibt meine Entwicklung innerhalb von 70 Jahren (1950–2020) den rasanten Fortschritt von der beschaulichen Heimat bis zur unüberschaubaren Globalisierung: Radio mit einem Sender, Litfaß-säule, Unterrichtsfilm in der Schule, Schwarz-Weiß-Kino, Fernsehen, Telefon, Kofferradio, elektrische Schreibmaschine, Computer, Internet, Handy, Smartphone, Digitalisierung – mit folgenden Mitteln der »Welterkundung«: zu Fuß, Pferdekutsche, Roller, Fahrrad, Bus, Zug, Auto, Bergbahn, Flugzeug – mit Aufenthalt in insgesamt 13 europäischen Ländern bis zur »Weltumrundung«.

Schnitt: 2022

* Leon, 7 Jahre alt, geht mit seinen Eltern für drei Jahre nach Indien, weil sein Vater dort beruflich tätig ist. Nach der Rückkehr wird er in eine vierte Klasse eingegliedert, perfekt die englische Sprache beherrschend.

* Johanna, 16 Jahre alt, neunte Klasse Gymnasium, verbringt ein Jahr in den USA, kommt nach einem Jahr zurück und macht mit 19 Jahren ihr Abi.

* Sophie hat ihr Abitur glänzend absolviert, nachdem sie erst mit 16 Jahren nach Deutschland gekommen ist, ihre Eltern verloren und sich um ihre jüngeren Geschwister gekümmert hat.

* Schicksale von Kindern, Jugendlichen und Erwachsenen, die in deutschen Schulen aufgenommen worden sind, sind von einer unglaublichen Unterschiedlichkeit: Geburtsort, Heimat, Aussiedlung, Flucht, Verschleppung, Umsiedlung, schlimmste persönliche Erfahrungen in verschiedenstem Alter, Eingliederung, extreme Schicksalserfahrungen, Traumatisierungen, horrible Lebensgeschichten.

Die Globalisierung hat uns selbst und unsere Welt drastisch verändert: politisch, gesellschaftlich, wirtschaftlich, technisch, kulturell, geografisch, persönlich. Sie hat unsere Ökologie massiv in höchste Gefahren gebracht und die Ökonomie ins Schleudern: Der CO_2-Ausstoß kennt keine Grenzen. Die Nachhaltigkeitsbemühungen greifen zu kurz. Zügelloses Wachstum schädigt die Welt, in der wir leben. Durch dieses sind Verflechtungen, Verbindungen, Welthandel, Kooperationen, Horizonterweiterungen, Austausch, Vergabe der Arbeitsplätze, Verarmung, Abhängigkeiten, Konkurrenz u. a. deutlich geworden – und jüngst durch den Krieg Russlands gegen die Ukraine müssen wir erleben, wie nahe wir uns am *Welt*krieg befinden: Unser ganzer Planet ist in Gefahr.

Es gibt zwei Meinungsrichtungen:
a) Wir sind nicht global veranlagt, geschaffen. Widerstand ist angebracht.
b) Wir müssen uns dem Mainstream anpassen, dem vorgegebenen Tempo, sonst werden wir abgehängt und sind Verlierer.

Wie auch immer: Wir sind in einer für uns inzwischen ungeahnten Weise globalisiert (worden), wobei historisch betrachtet die Spuren bereits durch die Auswanderungen nach Amerika, die Kolonialisierung und die beiden *Welt*kriege gelegt wurden (und evolutionär sowieso immer bestanden).

Die Globalisierung ist schlichtweg *das* Thema Nummer eins, das uns außer- und innerhalb der Schule begleiten wird, nachprüfbar und wirksam von Kindheit an: Die einzelnen Wahrnehmungen im Elternhaus, in den Familien, in der Umwelt und durch die Erfahrungen in der Schule, im Freundeskreis, im Alltag, in persönlichen Beziehungen, durch die Berufssuche, in den Nachrichten aus dem Internet, durch Reisen ... Wohin die Kinder und Jugendlichen auch blicken, die Globalisierung begegnet ständig auch ihnen.

Das bedeutet für das Lernen in der Schule, dass es weniger um Vermittlung von Informationen geht. Diese bringen die Kinder und Jugendlichen durch ihre außerschulischen Erfahrungen und durch Vielwissen aus dem Internet mit. In der Schule werden diese Bereiche ergänzt, gesammelt, reflektiert, systematisiert, im Alltag praktiziert und dann direkt oder indirekt in das konkrete Leben integriert. Aus dem sogenannten Unterricht werden Lernwanderungen, die auch nach außen mit folgenden didaktischen Fragen führen: Was macht die Globalisierung mit uns? Wie *erlebe* ich als Schülerin, als Schüler, als Lehrerin, Lehrer die Globalisierung?

Ein spannendes Unterfangen, weil man diese Frage aus Sicht der Schülerinnen und Schüler beantworten kann und mit den eigenen Erfahrungen im Privatbereich in Verbindung bringt.

Lernen geschieht nicht durch Lehren, Belehren oder gar Beibringen, sondern durch geleitete *Selbst*erfahrung, durch Modelllernen und durch zwischenmenschliche Kontakte und Beziehungen.

Bei all dieser Lernvielfalt sind dann die Lehrerinnen und Lehrer kaum mehr Lehrende, sondern Lernbegleiterinnen und Lernbegleiter im Prozess der ihnen anbefohlenen Kinder und Jugendlichen, ja, sogar als Reiseleiterinnen und Reiseleiter inner- und außerhalb der Schule, indem sie wahrnehmen, beobachten, Einzel-, Zweier- und Gruppenarbeit arrangieren, erklären und »übersetzen«, Exkursionen organisieren, Aufgaben verteilen. Statt Kommandanten in Klassen sind sie nun Dirigenten im Lernzirkus oder vor einem Lernorchester geworden, das aus vielen Instrumentalisten besteht.

International sind sie alle, die Menschen in Politik, Wirtschaft, Industrie, in den Betrieben, in der Kultur, im Sport, selbstverständlich auch in den Schulen, dort aber *allgemeingültig* noch lange nicht, weder pädagogisch, didaktisch noch schülerorientiert.

Während dieser Prozesse geht es um Selbstständigkeit, Erfahrungen, Verantwortung, Kommunikationen und Kooperationen und um Wissensaustausch der unterschiedlichen »Welterfahrungen«.

Ich empfehle ein Verfahren in fünf Schritten, mit folgendem didaktischen Verlauf, Aufgaben und »Erfahrungslernen«:

1. Die Kinder/Jugendlichen eruieren, was sie alles lokal und regional finden: persönlich, in verschiedenen Geschäften, in Werkstätten und Berufen, im Straßenverkehr, im Sport, auf Wegen und Plätzen. Sie befragen Angehörige nach ihrer Kindheit und deren Alltagsgewohnheiten. Sie erkundigen sich nach künstlerischen Gestaltungen.
2. In der Schule werden die »Findungen« ausgewertet und die Ergebnisse festgehalten.
3. Ähnlich wie im ersten Schritt eruieren die Schülerinnen und Schüler, was sie entdecken, das auf *Globalisierung* hinweist.
4. In der Schule werden die Entdeckungen ausgewertet und die Ergebnisse festgehalten.
5. Zum Schluss werden medial Vor- und Nachteile notiert, Konsequenzen für das eigene Verhalten gezogen und in einer umfangreichen Projektaktion regionale und globale Austauschaktionen inszeniert, u. a. auch unter Beteiligung der Eltern.

Anmerkung Herbst 2022:
In einer Rundfunksendung mit Expertinnen und Experten aus verschiedenen Wissenschaftszweigen vernehme ich die gemeinsame Forderung der Teilnehmenden nach »Entglobalisierung«, weil aufgrund der Vielfalt auf unserem Planeten (persönlich, politisch, wirtschaftlich, Nachhaltigkeit, Umweltkatastrophen, Uneinheitlichkeit) die Gefahr der Diskalkulationen, der Unübersichtlichkeiten, der großen Differenzen, der Konkurrenzstreitigkeiten bis hin zu diversen Kriegen besteht. Hinwendung also zu handlungssicheren überschaubaren Teilvernetzungen!

Digitalisierung

Diese Station habe ich gewählt, weil sie als *Lebensweltorientierung* (M. Trautmann) eine elementare und eminente Bedeutung für uns alle hat, für die Einzelnen, für das Lernen und Anwenden der Digitalisierung in der Schule und für ein lebenslanges Lernen außerhalb der Schule in allen Bereichen. Wie es früher das Schreiben, Lesen und Rechnen waren, so sind es heute ganz besonders Themen wie der Klimawandel, das Auseinanderdriften von Arm und Reich, die Knappheit von Luft, Wasser und Nahrung und weltbedrohende Kriege. Die Digitalisierung ist zur weltumspannenden Sprache geworden.

Die Entwicklungsgeschwindigkeit digitaler Medien ist so rasant, dass viele Kräfte zu sammeln sind, um überhaupt mitzukommen, wobei drei Lernformen parallel aktiviert werden: das individuelle, das zwischenmenschliche und das technisch-vernetzte Lernen.

Interne und externe Personen arbeiten zusammen: lernwillig, offen, interessiert, flexibel, ideenreich im Rahmen einer internen und externen Fortbildung. Experten helfen den Lehrkräften, die sich als Anfänger, als Fortgeschrittene oder als Spezialisten outen. Hier sind Fachkompetenz, Kommunikation und Kooperation hilfreiche Begleiter, vor allem auch, wenn es um die Erarbeitung von pädagogischen und didaktischen Konzepten geht.

Es braucht verschiedene Techniken: Computer, Smartphones, Tablets, digitale Tafeln, Visualizer, Vernetzung, Internetanbindung, Whiteboards. Dabei können die Beteiligten an Grenzen stoßen: Nicht alle Schulen haben zum Beispiel WLAN: Es ist nicht immer klar, wer die schulinternen Kosten oder die Wartung der Geräte übernimmt.

Ein sogenanntes »Förderprogrammwissen« bekommt hier eine besondere Bedeutung. Und Probleme, die auf Lösungen warten, gibt es auch:
- Die Schreibmobilität lässt nach. Deshalb werden Schiefertafel und Heft eingesetzt, um wieder durch das Abschreiben Übung zu bekommen. Orthografische Kenntnisse zur Autokorrektur werden benötigt.
- Die Lehrerrolle ändert sich: vom Lehrer zum Digitalhelfer, Digitalexperten.

- Die Schulung der Lehrkräfte in Software- und Hardwarebedienung ist meist nicht innerschulisch garantiert, sondern geschieht durch Selbstinitiative.
- Die Wissensvermittlung übernimmt hauptsächlich das Internet.
- Die Qualität der Inhalte und das Moralverständnis liegen in der Bandbreite von akzeptabel bis inhuman und kriminell: Legitimes und grenzwertiges Material, Eingaben von Beleidigungen, Schmähschriften, Pornografie und Gewalttaten, links- und rechtsradikale Botschaften werden publiziert.
- Das Arbeiten in Offenheit bis hin zur Kontrolle und die Anwendung von Schutzmaßnahmen sind bisweilen äußerst schwer, vor allem, wenn in Räumen in der Schule und im Freien heimlich fotografiert wird.
- Es gibt häufig rechtliche Probleme bei der Wahrung der persönlichen Sphäre (digitale Selbstbestimmung!).

Vorteile
- rasches Wissen, Sparen von Büchern, Heften und Materialien, schnelle Updates und Aktualisierungen
- Einsatz von Animationen und Filmen, Stundenpläne online
- Individualisierung: Arbeit am eigenen Tablet mit Möglichkeiten der Vernetzung
- Präsentation jeder Arbeit über das Internet
- unbegrenzte Kreativität: digitale Notebooks, 3D-Welten, schneller Zugriff auf Materialien, Filme und Lernsoftware
- Erstellen digitaler Produkte (Filme, Comics, Audios, Padlets)

Als Johannes Gutenberg den Buchdruck erfunden hatte, da sprachen die einen von Gottesgeschenk und die anderen von Teufelswerk.

600 Jahre später gibt es zwar kaum religiöse Lobgesänge und Ängste, aber sicht- und lesbar Meinungen aus zwei Lagern:

Glorifizierung der digitalen Welt und *Bedauern* über den Rückgang der analogen. Bei Neuerungen gibt es immer Jubel- und Trauergesänge. Es braucht Zeit zur Gewöhnung und vor allem Einsicht, dass die Vorzüge des einen keine Nachteile für das andere bringen müssen. Einigkeit herrscht darüber, dass die Digitalisierung inzwischen im Alltag nicht mehr wegzudenken und ein probates Instrument und Hilfsmittel geworden ist, für die privaten Benutzer über den interpersonellen Gebrauch bis hin zur Übernahme weniger qualifizierter Berufe durch Roboteranwendung – ohne gegenseitiges Ausspielen, aber durch sinnvolle Kooperation.

* Eine Bekannte erzählte mir, dass sie ihrer Tochter, fünf Jahre alt, eine CD mit Märchenerzählungen gekauft habe. Nach dem Anhören machte das Mädchen kein besonders glückliches Gesicht. Befragt sagte es: »Der CD kann ich mich ja nicht auf den Schoß setzen!«

Arbeit und Beruf

Ich bin an der neunten Station, deutsch »Haltestelle«, angekommen. Alle acht Überschriften zuvor gehören in die Schule, diese neunte auch, weil sie zentral im Leben der Schülerinnen und Schüler Realität ist. Es braucht keinen Lehrplan, um sie darin zu finden, sondern wachsame Aufmerksamkeit der Lehrerinnen und Lehrer, um sie mit den Kindern und Jugendlichen zu entdecken und in deren Wirklichkeiten deutlich zu machen, mit dem Ziel, sie in deren Leben brauchbar und handlungsorientiert zu integrieren:
- Sie bekommen mit, dass der Papa von der *Arbeit* heimkommt, manche wissen, wo und was er macht, andere nicht genau.
- Die Mutter *arbeitet* auch, sie schafft in einem *Betrieb*. Oft kommt sie erst abends heim und muss noch allein den Haushalt machen.

* In der Beratung sagte mir eine Frau, dass sie sehr enttäuscht sei, wenn sie kaputt heimkomme und ihre beiden Kinder (12 und 14) in ihren Zimmern hocken und nichts fürs Abendessen tun. Und dann motze sie (was ihr leidtut). Ich vereinbare mit ihr ... Am nächsten Abend sagt sie nur: »*Ich bin total kaputt. Heute kann ich euch höchstens ein Brot schmieren.*«

Tut's, ohne zu motzen. Die Kinder stutzen … Zwei Tage später kommt die Mutter nach Hause und ist völlig überrascht: Der Tisch ist gedeckt, und Spaghetti mit Tomatensoße gekocht. Sie erleben, wie es ihrer Mutter geht, wenn sie von der *Arbeit* heimkommt …

- Sie gehen einmal die Woche zur »Tafel« einkaufen und rechnen daheim mit den Eltern genau, was geht und was nicht. Der Vater ist *arbeitslos*.
- Sie freuen sich auf die Ferien, weil sie mit ihren Eltern zwei Wochen in einem schicken Hotel untergebracht sind. Und merken, dass ihre Eltern *reich* sind.
- Sie bekommen *Geld*, wenn sie für andere etwas *arbeiten*. Und sie bekommen unterschiedliches Taschengeld.
- Auf der Straße sehen sie Menschen, die *betteln*, meist Frauen, und sie wissen, dass diese gezwungen werden.
- Ihnen sind die *Begriffe* Ausbeutung, Unterbezahlung, Mindestlohn, Kinderarbeit, Prostitution, Millionäre und Milliardäre bekannt.
- Sie haben *finanzielle Wünsche*, die ihnen erfüllt werden oder nicht, von sich selbst oder von anderen.
- Sie haben schon ein *eignes Konto,* oder noch nicht.
- Sie bekommen mit, dass ihre Schwester, ihr Bruder eine *Lehre* machen, schon einen *Job* und ein Auto haben.
- Sie *sparen*, um sich Kleidung kaufen oder es auf Partys ausgeben zu können, und treffen Kumpels, die schon im *Beruf* sind, und vergleichen deren *Tätigkeiten, Einkommen und Ausgaben.*

Arbeit und Beruf sind mitten in ihrem Leben und deshalb selbstverständlich auch Themen in ihrer Schule.

Dort werden sie auch über Veränderungen in der Arbeitswelt informiert (durch Schülerpräsentation), mit den Lebensweisen der Reichen und Armen (durch Filmmaterial)), mit Ungerechtigkeiten in der ganzen Welt konfrontiert (Statistiken via Internet): dass es Gewerkschaften gibt und Streiks (durch Rollenspiele) und wie das Bankwesen funktioniert (durch Befragungen vor Ort). Und ganz besonders: Sie werden gegenseitige Kontakte und Besuche in vielen Berufsarten, wie Handwerk, Wirtschaft, Industrie, Dienstleistungen, Kunststätten u. ä. haben, damit ihnen Welten, die sie aus schulischer Sicht kaum kennenlernen, bekannt und vertraut werden.

Die Berufe kommen zu ihnen, weil es zu spät ist, wenn sie erst nach dem Schulabschluss mit der Berufswelt konfrontiert werden.

Und sie gelangen durch ihre eigenen Erfahrungen zu den Fragen: Warum müssen wir arbeiten? Warum müssen wir in die Schule gehen? Was ist das Ziel der Arbeit? Ausführlich und informativ: Precht 2022, der vorschlägt: »Das Ziel der Arbeit ist Freiheit.« (S. 196), und zwar »*nach* der Arbeit und *in* der Arbeit«.

Teil 3: »KRANKHEITEN«

Ein krankes System produziert kranke Menschen.

Ich habe »Krankheiten« als Überbegriff gewählt, weil ich die neun folgenden Stationen am besten subsumieren kann, ohne *Krankheiten* nachweislich zu konstatieren, aber einen *Zustand* der Schule zu beschreiben. Zudem gebe ich Impulse, wie man erst gar nicht in Belastungen und Krankheiten hineinschlittert. Ich bin kein Arzt, kein Apotheker, kein Psychiater, kein Physiotherapeut, sondern achtsamer Begleiter als Schulexperte. Deshalb konzentriere ich mich auf jene Symptome und Verhaltensweisen der Lehrpersonen, die ich auf die Ausübung ihres Berufs zurückführe und die auch andere Ursachen und Einflüsse haben können. Sie beginnen schon bei der

Berufswahl

Seit über 40 Jahren befrage ich Anwärterinnen und Anwärter, sei es aus dem pädagogischen Studium, aus einer anderen Fakultät oder aus einem Beruf kommend, nach ihren Motiven, Lehrerin bzw. Lehrer zu werden bzw. zu sein. Es sind beinahe die gleichen, Jahr für Jahr. Weil …
– ich keinen anderen Beruf gefunden habe.
– ich kein langes Studium brauche.
– ich relativ gutes Geld verdiene.
– ich ins Beamtenverhältnis komme.
– ich an Lehrer denke, die mir Vorbild waren.
– ich an Lehrer denke, die mir kein Vorbild waren.
– ich es besser machen möchte als meine Vorgänger.
– ich den Schülern etwas beibringen möchte.

- ich den Schülern helfen will, erwachsen zu werden.
- ich gern mit jungen Menschen zusammenarbeite.
- der Beruf in meine Familienplanung passt (Halbtagsberuf).
- mir der Beruf Freude macht.

Mein Impuls, dass der Lehrerberuf keinen besonders guten Ruf hat, weil viele Menschen sagen »Nur kein Lehrer werden, o Gott!« wird zwar gehört, aber nicht konsequenterweise verfolgt.

Vor allem fällt mir auf, dass (fast) niemand die Fähigkeiten erwähnt, die ein Lehrer bzw. eine Lehrerin haben muss, nämlich fünf grundlegende:

Die Selbst-, die Beziehungs-, die Gesprächs-, die Fach-/Sach- und die Organisationkompetenz mit den Ergänzungen: Teamfähigkeit, Lern- und Weiterbildungsbereitschaft, Belastbarkeit, Kontaktfähigkeit, Flexibilität und Mobilität.

Wird schon werden, denken sich die meisten, und erinnern sich dabei an die eigene Schulzeit, aber zu wenig an den Unterschied, im Klassenverband jahrelang zu sitzen oder vorn Chefin bzw. Chef des Unterrichtens zu sein. Dabei wissen oder ahnen sie kaum, dass die gesamte Lehrerausbildung zugunsten einer fachlichen und didaktischen Ausbildung ausgerichtet ist und die persönlichen und zwischenmenschlichen Aspekte erheblich vernachlässigt werden. Noch einmal: Von den fünf grundlegenden Kompetenzen kommen vier zu kurz – und wenn sie dann im Beruf erforderlich sind, gibt es Engpässe, Irritationen, Fehlverhalten, Ängste bis hin zu Krankheitserscheinungen. Die heutzutage notwendigen beruflichen Kompetenzen von Lehrerinnen und Lehrern werden völlig verkannt.

Das heißt, dass die Aufklärung über das pädagogische Studium mit seinen erheblichen Anforderungen, was den späteren Beruf betrifft, fehlt. Dass die Berufswahl unprofessionell geschieht und dass die geprüften Kompetenzen für den Beruf in keiner Weise den wirklichen erforderlichen Fähigkeiten entsprechen. Und bereits hier liegen die Wurzeln des Krankwerdens, Krankseins im System, weil es die Berufs*wahl* zu wenig ernst nimmt und transparent macht. Fahrlässigkeit nenne ich diesen Vorgang seitens der Schulämter und kurzsichtig die genannten Motive der Bewerbenden für das Lehramt.

Dies waren auch Gründe, warum seit einiger Zeit den Abiturientinnen und Abiturienten Gelegenheit für ein Praktikum in der Schule gegeben wird, damit sie Einblicke in das Lehrersein bekommen, Erfahrungen sammeln können und berufliche (An)Forderungen kennenlernen, die ihre Entscheidung für oder gegen das Lehramt persönlich und sachlich klären helfen.

Fazit:
Willst einen Beruf du wählen,
beginne, deine Fähigkeiten zu zählen.
Dann ziehe Bilanz:
Hurra: Ich kanns!!!

Überforderungen

Dass sich bereits in der ersten Zeit des Berufes Überforderungen zeigen, ist folgerichtig, weil nicht das (gelernte) Fach und die dazugehörige Didaktik die Hauptrolle in der Ausbildung spielen, sondern noch ganz andere Faktoren, wie sicheres Auftreten, Disziplinprobleme, soziale Konflikte, Gespräche mit Kolleginnen und Kollegen, Eltern u. ä.

Sie werden deutlich durch eine Fülle von *Fragen*, die zwar vermehrt Anfängerinnen und Anfänger stellen, aber auch immer wieder von Berufserfahrenen kommen, weniger fachlich/sachlich als persönlich und zwischenmenschlich: Gelernt ist gelernt. Und was nicht gelernt ist, rächt sich, früher oder später als *Über*forderungen.

Was mache ich, wenn sie (die Schülerinnen und Schüler)
- keinen Bock auf das Lernen haben, nicht mitmachen?
- mich beschimpfen, beleidigen?
- mir den Stinkefinger zeigen?

- mir provozierend auf die Brust starren?
- lautstark mit anderen streiten?
- zu spät oder gar nicht kommen?
- Sachen beschädigen?
- andere auslachen, verspotten, mobben?
- im Klassenzimmer Blödsinn treiben?
- mich auf dem Gang bewusst anrempeln?
- Was mache ich, wenn ich mit dem Stoff nicht klarkomme?
- bei 29 Schülern in der Klasse differenzieren müsste?
- von anderen Kollegen gemieden werde?
- mit den Eltern in Konflikt gerate?
- Noten geben muss, dies innerlich aber gar nicht will?

Am liebsten würde ich mich zurückziehen, nichts sagen, Strafmaßnahmen ergreifen, mich an den Schulleiter wenden, mein Überfordertsein anderen mitteilen (manchmal schäme ich mich und bereue meine Berufswahl). Zwischendurch bin ich froh und mit Freude Lehrerin bzw. Lehrer, wenn ich an meine Erfolge, an die Zuwendung der Schülerinnen und Schüler und an die hilfreichen Kolleginnen und Kollegen denke. Und manchmal ziehen mich die Überforderungen richtig runter.

Ich mag das Wort Forderungen nicht (= Ich fordere von dir!). Das ist mir zu streng. Forderungen bringe ich eher in Zusammenhang mit Schulden oder jemandem etwas schuldig sein.

Vertraut und kommunikativ stimmig ist mir der Begriff *Anforderungen*, weil er im Sinne der Arbeit und Tätigkeiten messbar und angemessen ist.

Anforderungen sind uns seit der Kindheit vertraut. Sie werden an uns gestellt, wir nehmen sie an oder auf, gern, freiwillig oder gehorsam, und: Sie fordern (!) uns heraus.

Da melden sich gleich vier bekannte Begleiter: die vollzogene Erfüllung (Gehorsam), der Ehrgeiz (ich kann das), die Herausforderung (meist im Vergleich mit anderen) und die *Über*forderung (Missachtung der Grenzen), Letztere als mögliche Wurzel der Belastung, des sogenannten Ungesunden oder, heftiger, der Krankheit.

Um es noch deutlicher zu sagen: Wenn wir überfordert werden, heißt das auch, dass wir uns überfordern *lassen* (!), dass wir auch immer mitspielen. Denn: Wir könnten *nein* sagen, wenn, ja, wenn nicht …

Was zu tun ist:
Die Anforderungen wahrnehmen und sie beschreiben, einschätzen, was mit welchen Fähigkeiten möglich ist, entscheiden: ich werde …, ich werde unterlassen, Abschied von der »Allmachtskompetenz« nehmen, bejahen, was geht – und verneinen, was nicht geht, in den Dialog mit dem eigenen Selbstbewusstsein, dem eigenen Stolz, dem eigenen Erfüllungszwang und dem Risikofaktor der Grenzüberschreitung treten.

Meine Merksätze:
Der, die darf das, aber ich spiele nicht mit.
Ich lasse mich freiwillig ohne Gehorsam ein.
Ich mache das »Thema zum Thema«:
Ich bringe es durch meine Beschreibungen zur Sprache.
Ich höre mir auch die andere Seite an.
Ich suche mit anderen nach Lösungen.
Ich vereinbare Ergebnisse mit Überprüfungen.
Ich beende den Dialog mit Win-win oder suche anderweitig bei anderen nach Alternativen.

Erschöpfung

Sie ist in unserem Alltag und darüber hinaus völlig normal und eine sinnvolle Reaktion aller *Lebe*wesen auf ihr Tun: Löwen sind erschöpft vom Tierfang, Kühe vom Grasen, Hunde vom Jagen, die Kinder vom Rennen und Spielen, Jugendliche von langen Partys, Mütter von der Doppelbelastung (Familie und Beruf), Väter von erfolglosen Diskussionen, Politikerinnen und Politiker von nächtelangen Sitzungen … Und wenn ich an Sie, liebe Lehrende in der *Schule*, denke (und nicht an Externe), dann fällt mir ein und Ihnen vermutlich auch:

Sieben Stunden Unterricht halten statt fünf, Korrekturen erledigen bis spät in die Nacht, Disziplinprobleme sofort lösen müssen, Elternabende leiten bzw. moderieren, Ausflüge durchführen und Landschulheimaufent*halte* »aus«-*halten*.

Es wird deutlich: Erschöpfungszustände entstehen nach erbrachten extremen Leistungen oder dann, wenn die Überforderungen zu stark oder zu dauerhaft sind. Auslöser ist immer »etwas zu *viel*«, mit Folgesymptomen, wie schlapp, müde, ermüdet, energielos, ermattet, abgeschlagen, schwach sein – mit Sekundärreaktionen, wie mürrisch, unwirsch, gereizt, ungerecht, fehlerhaft sein.

Die Erschöpfung zeigt sich grundsätzlich körperlich, für uns zum Vorteil, weil wir sie wahrnehmen können: übermäßiges Schwitzen, Schnaufen, Atemnot, Atemlosigkeit, erhöhter Puls und Blutdruck, Herzklopfen, Verspannungen, Schlafstörungen, Unruhe, die mit geistigen Tätigkeiten und seelischen Erlebnissen kombiniert sind, in der Schule und anderswo:

Ich komme von zu Hause bereits erschöpft an (Familie), noch vor dem Unterricht vielerlei erledigen müssen, wieder mal fehlt mir die Zeit, ich komme zu spät in den Unterricht, sieben Stunden körperlich und geistig aktiv sein, pausenlos (!) unterwegs (zwischen den Stunden), ich komme nicht mal auf die Toilette, werde ständig angesprochen, kein Rückzugsraum, höchstens das Krankenzimmer, mein Arbeitsplatz ist (mit »tausend« anderen) das Lehrerzimmer, keine Cafeteria, kein Mittagessen, der Lärmpegel in und außerhalb der Klassenzimmer … nichts Wohnliches, sondern immer noch Kasernenstil, auf dem Nachhauseweg im Stau …

Zur Erholung und zum Wiederaufbau ihrer Kräfte brauchen Lebewesen *Ruhe*, in welcher Form auch immer: (aus-)schlafen ist die Nummer eins!

Was und wo sind für *mich* in der Schule innere und äußere Ruheräume, Rückzugsnischen und Entschöpfungsmöglichkeiten?

Oder: Von der Erschöpfung zum gesunden Handeln:
Mein Eingangssatz als Motto: Was mache *ich* mit *mir*, wenn die Personen, die Umstände und die Bedingungen anders sind, als ich sie mir vorstelle?

* Schon bei Betreten des Klassenzimmers (Klasse drei) merken die Kinder, dass es ihrem Lehrer heute nicht gut geht. Normalerweise hat er immer Farbe im Gesicht, heute ist es ganz bleich. Er will durchhalten. Den Kindern gibt er Stillarbeit, um sich etwas auszuruhen. Nach einigen Minuten geht ein Mädchen vor zu ihm und sagt: »Gell, Ihnen geht's nicht gut?! Wissen Sie was? Legen Sie sich auf die Couch in der Leseecke.« Und schon nimmt es ihn an der Hand; einige andere kommen dazu: Der eine holt ein Kopfkissen, die andere eine Decke. Im Nu sind sie wieder auf ihren Plätzen und arbeiten still weiter. Der Lehrer braucht etwas Zeit, um sich an diese für ihn neue Situation zu gewöhnen. Vor allem merkt er, dass es auch ohne ihn geht. Wenigstens vorübergehend. Und die Schülerinnen? Sie sind richtig stolz, dass sie keinen Aufpasser brauchen und ohne ihren Lehrer arbeiten. (PS: Der Lehrer war ich vor 45 Jahren!)

Ich gehe durch einen Schultag, möglichst erschöpfungsfrei:
- Am Abend vorher bereits die Schultasche gepackt und an die Tür gestellt. Am anderen Morgen die Kinder versorgt, mit denen ich eingeübt habe, wer was macht. Zehn Minuten früher weggefahren wegen Stauvermeidung.
- *Ich* bin vor den Kindern im Klassenzimmer, damit *ich* sie einzeln begrüßen kann – und nicht die »Meute« mich anstarrt, wenn ich den Raum betrete.
- Wer da ist, ist da, und wer mitmacht, macht mit. Ich bin weder Wächter noch Dompteur (seitdem ich nicht mehr kontrolliere, kommt fast niemand mehr zu spät. Ehrlich!).
- Nach Absprache halte ich mich in der großen Pause nicht mehr im Lehrerzimmer auf, wie zunehmend andere inzwischen auch.
- Ich habe meinen Unterricht ziemlich umgestellt: Kurze Lehrphasen,

vermehrt Einzel-, Partner- und Gruppenarbeit und vor allem: Kinder untereinander lernen lassen durch Lehren.

- Ich nehme es auf mich, dass ich 40 Minuten unterrichte und dann das Klassenzimmer verlasse (die Schülerinnen und Schüler habe ich »aufgeklärt«). So habe ich zehn statt fünf Minuten Umsteigezeit – und kann sogar aufs Klo.
- In der sechsten und siebten Stunde mache ich mittendrin für alle eine Pause! Und habe die Erfahrung gemacht, dass ich in 35 Minuten wesentlich konzentrierter arbeiten kann als im »Durchmarsch« mit Dauerermahnungen.

Und, um es deutlich zu sagen: Ich halte mich an die Vorschriften, nehme mir verantwortlich persönliche Auszeiten und habe gelernt, innerlich und äußerlich auch *nein* zu sagen!

* Erschöpfung und Krankheit: In einer meiner Supervisionsgruppen sagten manche Lehrerinnen und Lehrer, sie trauten sich, wenn sie krank sind (zum Beispiel Grippe), kaum zu Hause zu bleiben, damit die anderen in der Schule nicht Mehrarbeit hätten. Ich vereinbarte mit ihnen: Wer krank ist, bleibt zu Hause. Sie atmeten sichtlich auf.

Eines Montags fehlten, in der Grundschule, von fünf Lehrerinnen drei. Die Schulleiterin, eine Mutter und der Hausmeister managten den Vormittag: Betreuung mit Lernphasen. Telefonat mit dem Schulamt: Am anderen Morgen kamen drei Vertretungslehrerinnen! Geht doch!

Wenn die Bedingungen für die »Entschöpfung« zu gering sind, die Erschöpfungszustände andauern und chronisch werden, dann sind erste Ansprechpartner Ärztinnen, Ärzte und Expertinnen, Experten wie Psychologinnen, Physiotherapeuten oder Personen, die Alternativmedizin anbieten. Der Übergang von der Erschöpfung zum Burnout ist bisweilen fließend.

Burnout

Es ist ein Zustand körperlicher, geistiger, seelischer Belastungen und unterschiedlicher Krankheitssymptome, hervorgerufen durch Überschreitung von Leistungsgrenzen, irritativer Situationen und erlebten Krisen. Die deutsche Übersetzung »ausgebrannt sein« ist äußerst zutreffend und beschreibt, worunter Menschen leiden:

Ähnlich wie bei der Erschöpfung müde, gestresst sein, Appetitlosigkeit, ohne Antrieb, »kaputt sein«, mit dem Unterschied, dass Erschöpfung tendenziell auf kurzeitige Handlungsweisen zurückzuführen sind, zum Beispiel nach einer anstrengenden Bergwanderung, einem knallharten Marathonlauf, einer lang andauernden Diskussion, nach einem hitzigen Streit.

Burnout hingegen ist ein »Langzeitzustand«, der generell mit »zu viel« und »zu oft« zu tun hat. Die meisten Menschen verwenden nicht den Begriff »burnout«, sondern sagen entweder: »Ich bin total gestresst« oder »Ich bin völlig ausgebrannt« und haben das Bild einer Kerze vor sich im Sinn, ausgelöscht, verbrannt, dunkel, oder an zwei Seiten zu brennen, verbunden mit dem Wunsch, wieder eine übliche Kerze mit der alten Helligkeit zu werden.

Die Diagnosen sind mannigfaltig, die Therapien auch – und bedürfen der Behandlung durch Expertinnen und Experten aus der Schul- und Alternativmedizin, der Psychiatrie, Psychologie und Physiotherapie. Nach deren Ergebnissen und Klärungen folgen ergänzende Behandlungen durch Maßnahmen, die das Zuviel und Zuoft der Klientinnen und Klienten minimieren oder eliminieren können.

Ich vereinbare mit den Betroffenen Tätigkeiten, durch die sie weder selbst Aufgebürdetes noch von anderen Aufgetragenes leisten müssen. Sie »erlauben« sich persönliche Freiheiten und entlastende Neins aus ihrem privaten wie beruflichen Bereich, die leistungsfrei, zielfrei, stressfrei und appellfrei, jedoch offen für jegliche Spontaneität und sozialverträglich sind.

Ich gebe zur Anschaulichkeit ein Beispiel vor, das ich vor Jahren in einem Film gesehen habe: Ein Mädchen, lustlos und schüchtern, bekam den *Vorschlag*, etwas zu unternehmen, was ihre Persönlichkeit stärken könnte, nämlich einen Hundekot in eine Plastiktüte zu geben, sie in ihre Schultasche zu stecken – und sie in der Straßenbahn auf ihren Schoß zu legen … Und sie tats! Der Film zeigt: Das Mädchen auf seinem Platz, neben ihr eine Frau, drumherum Mitfahrende … und allmählich rümpfende Nasen, drehende Köpfe, suchende Augen, vermutende Entdeckungen, abstandnehmende Bewegungen – und mittendrin das Mädchen, zunehmend grinsend und »stolz« darüber, was sie ausgelöst hat. Von Ausgebranntsein keine Spur mehr …

Ich habe ein ganzes Repertoire, was Personen unternommen haben, um das Licht ihrer Kerze wieder zu entfachen, für sich allein, in der Familie, im Freundeskreis, im Beruf, im Alltag, sich wieder etwas zutrauen: drinnen lesen und draußen spazieren gehen; »Ich wecke euch morgen nicht.« – »Ich bin beim Abendessen nicht da.« Endlich mal Zeit für Hobbys. – Im Café, allein – Dort Notizen: Was ich jetzt am liebsten tun würde. – Im Kaufhaus schlendern, auf der Straße bummeln – Spontan ins Kino … u .a. m.

Und nun hinein in die Schule:
Stunde X: »Ich mache jetzt nichts und überlasse euch alles – hier im Klassenzimmer, aber bitte anständig!« – »Wer mag Lehrerin spielen?« – »Wer möchte Clown sein?« – Mit den Schülern verrückte Ideen sammeln – Schiebt sich einen Hörknopf ins Ohr, verschränkt die Arme. – Schweigt während einer Konferenz. – Etwas Ungewöhnliches tun, was ich bisher noch nicht … u. a. m.

In der Beratung:
Was Personen in meiner Anwesenheit tun: zündet sich eine Kerze an. – Sieht mit mir zu, wie die Flamme wächst (= muss nichts tun). – Notiert, was sie tun müsste, und streicht durch, was sie nicht mag oder überflüssig ist. – Ich spreche mit ihr über ihre Schuldgefühle oder Versäumnisse u. ä. – Ich trainiere mit ihr das Nein-Sagen.

Meine Erfahrungen:
Burnout spaltet sich in zwei Richtungen: in diagnostizierte Krankheiten und in subjektive Alltagsbelastungen. Wie in einer Partnerschaft: Die einen brauchen ärztliche Hilfe, weil sie krank sind, die anderen benötigen Beratung, weil sie Klärungs- und Entscheidungshilfen brauchen.

Und schließlich: Burnout »hält sich«, weil zu viel und zu lange das Brennen dominierte, lichterloh, basiert auf zwei grundsätzlichen Ursachen, deren Wurzeln meist in der Kindheit und Erziehung zu finden sind.

a) Geliebt, akzeptiert, weil die von außen geforderten Leistungen erfüllt wurden, wenn nicht, dann abgelehnt und mit dem Stempel des Versagens versehen.

b) Daraus resultieren meist sogenannte innere Antriebe, die *über*trieben, unangemessen, schädlich, destruktiv sind. In Therapie und Beratung geht es deshalb besonders darum, das Ichbewusstsein zu stärken und innere sowie äußere Abhängigkeiten zu eliminieren.

Die Trias: Selbstverantwortung, Freiwilligkeit und Spontaneität.

Psychosomatische Störungen

Ich habe die Reihenfolge der bisherigen Stationen so gewählt, dass durch sie die Zunahme der Belastungen deutlich wird: unpräzise Berufswahl, daraus Überforderungen mit möglicherweise folgenschwerer Erschöpfung, die sich in psychosomatischen Störungen auswirken und ausweiten kann.

So wird diese Station zu einem »Bahnhof«, weil sie diesmal nicht nur Sie, liebe Lehrerinnen und Lehrer, wie bisher, betrifft, sondern alle in der Schule lebenden Personen, die Kinder, die Jugendlichen, die Erwachsenen. Und das heißt, dass im Alter von sechs bis 65 Jahren psychosoziale Störungen, Beschwerden und Krankheiten auch in der Schule vorkommen, jedoch nicht immer als solche erkannt werden. Das hat den Hauptgrund, dass Lehrerinnen und Lehrer hochtrainiert auf der *Sachebene* zu Hause sind, nämlich auf das *Unterrichts*geschehen, auf ihr Lehren, auf das Lernen der Schülerinnen und Schüler und auf das Prüfen und Benoten konzentriert sind. Die Beziehungs- und die emotionale Ebene werden dann häufig übersehen oder treten an die zweite Stelle im gesamten System, das hat aber ebenso eine eminente Bedeutung: Denn das Wort »psycho-sozial« bringt zum Ausdruck, dass Körper und Seele des Menschen eine Einheit bilden und die Störungen sowohl im Körper (Soma) als auch in der Seele (Psyche) zu finden sind, und dass beide aufeinander einwirken, was wir alle schon erlebt haben:

Beispielsweise wird Gastritis diagnostiziert, und wir sagen dazu »Mir hat's auf den Magen geschlagen«, wenn wir seelischen Kummer haben. Oder, umgekehrt, die Sprache ist sehr deutlich: »Das geht mir an die Nieren. Mir ist was über die Leber gelaufen. Ich bin vor Angst wie gelähmt. Ich mache in die Hose. Mir läuft es kalt den Rücken runter. Meine Stimme zittert …« Dieses gegenseitige »Verbundensein« erschwert auch bisweilen die Unterscheidung zwischen somatisch und psychisch sowie die Diagnostik und Therapie.

Hinweis:

Ich habe meinen Blick als Schulexperte auf die psychosozialen Störungen in der Schule gerichtet, weil sie dort einen hohen Anteil haben und diese uns alle als Schulleute angehen. Wir haben die Aufgabe, achtsam *Symptome* wahrzunehmen (und zwar bei uns und anderen), sie entsprechend einzuordnen und mit anderen zu kommunizieren, zuallererst mit den Gesundheitsexpertinnen und -experten.

Aus *medizinischer* Sicht werden häufig folgende Symptome genannt, die auf psychosoziale Störungen hinweisen können: Kopfschmerzen, Migräne, Herz-Kreislauf-Beschwerden, Magen- und Darmbereich (Erbrechen, Durchfall, Verstopfung), Panikattacken, Nacken-, Schulter- und Rückenbeschwerden, Luftnot, Atembeschwerden, Schlafstörungen, Unruhe, Angstzustände, Essstörungen, Bulimie, Magersucht, Traumata aufgrund körperlicher und seelischer Verletzungen, Rückzugs- und Fluchttendenzen; Suizidgedanken, Lernschwierigkeiten, Borderline, Konzentrationsschwierigkeiten, Depressionen.

Diese Symptome betreffen meist beide Personenbereiche, die Lehrenden wie die Lernenden, und das heißt, dass die Lehrerinnen und Lehrer eine Doppelaufgabe übernehmen: die Wahrnehmung der eigenen Symptome und die ihrer Schülerinnen und Schüler mit Vermutungen und Wissen, welche auf *schulische* Faktoren und Einflüsse hinweisen können. Dabei haben sie erschwerte Bedingungen:

Mangelnde Ausbildung (O-Ton einer Lehrerin: »Ich habe ja nur Lehrer gelernt.«), zu wenig Training und Praxishilfen, zu wenig Zeit, zu viele Paralleltätigkeiten, zu wenig Personal für die Betreuungen (zum Beispiel Schulpsychologinnen und -psychologen), zu viele Unterrichtsstunden, zu viele Schülerinnen und Schüler, zu viele Einzelfälle …

Was Lehrpersonen für sich tun können (ausführlich siehe Teil 4):
vom Unterrichtsvorsitzenden zum Lernarrangeur mutieren, weniger Lehren und mehr Lernen zulassen, die Einsicht haben, dass man andere nicht motivieren kann, die Einsicht gewinnen, dass man für andere keine Ziele haben kann, aufhören, andere zu erziehen (das ist so anstrengend), an den Arbeitstagen Zeit für sich haben und nehmen, nicht für alles zuständig sein müssen, sich Pausen nehmen und gönnen, empathisch sein *und* sich abgrenzen können, sich nicht den Schuh anderer anziehen, Gespräche mit Kolleginnen und Kollegen, Schulleitung und Eltern führen, mit Ärzten, Expertinnen, Betreuungspersonen in Kontakt bleiben, Störungen, Beschwerden, Krankheiten zeitlich (!) auskurieren

Was Kinder und Jugendliche betrifft, im Rahmen der eigenen Möglichkeiten
- sie sehen (statt wegsehen), wahrnehmen, sie beobachten und, statt sie zu bewerten, ihre Verhaltensweisen beschreiben
- bei Auffälligkeiten, Störungen achtsam, behutsam auf sie zugehen oder andere darum bitten
- andere Personen, die ebenfalls Kontakt haben, ansprechen, informieren
- Expertinnen zurate ziehen, mit Angehörigen ins Gespräch kommen
- systemische Gespräche führen = mit denen, die beteiligt sind: Betroffene, Expertinnen, Kollegen, Erziehungsberechtigte. Es gibt in diesen

speziellen Situationen keine Falschmeldungen, sondern nur subjektive Wahrnehmungen, die mitgeteilt werden, um zu Klärungen und Lösungen zu kommen
- bei Gefährdeten (Ritzende, Suizide, auch potenzielle Amoktäter) in zwei Richtungen rasch handeln: a) mit den Gefährdeten und b) mit den Gefährdern

Was Schülerinnen und Schülern guttut: Wenn sie Leistung und Erfolg ohne Druck erbringen können, weniger sitzen, mehr Bewegung haben, mehr Individualität und Methodenvielfalt erfahren, Variationen führen: Einzel-, Partner-, Gruppenarbeit, Plenum, Wertschätzung und Akzeptanz ihrer Person erleben, individuelle Förderungen und Lernbegleitung erfahren, Pflichtfreiheit und Multiangebote bekommen, Verstehen und Verständnis spüren, Achtsamkeit, vor allem in Zeiten der Pubertät, erhalten, Gespräche ggf. in der Gruppe, in der Klasse selbst führen, und immer wieder hinterfragen, was die »eigentlichen Botschaften« der Kinder und Jugendlichen *hinter* ihren Symptomen sind.

Es wird deutlich, wie sehr sich der Lehrberuf gewandelt hat: vom Lehrer am Pult und an der Tafel hin zur Beziehungsperson vielfacher Prägung, Ausstrahlung und weitgreifenden Tätigkeiten in der Schule und sogar darüber hinaus.

* Ich bin oft gefragt worden, was Lehrerinnen und Lehrer bisher falsch gemacht haben, weil sie in hohem Maße psychosomatische Störungen haben. Ich antworte: Nicht Falsches, jedoch ab jetzt anders
- weit weniger lehren, die Lehrpläne abschaffen und mehr auf die Schüler achten (die Schule als sozialen Raum sehen)
- die Kinder und Jugendlichen *sein* lassen, ihren eigenen Wegen zu vertrauen und für deren Lernen nicht verantwortlich zu sein
- sich mehr (zu-)trauen, autonom denken und entsprechend handeln.

Depressionen

Ich habe dieses Thema aufgegriffen, weil es sowohl eine weitverbreitete Krankheit in unserer Gesellschaft als auch ein Phänomen ist, das sowohl in der jeweiligen *Schule* als auch im Schul*system* eine bedeutsame Rolle spielt.

Dreierlei spreche ich an: (1) die Krankheit, (2) deren Symptome und (3) schulisches Handeln.

1. In Fachkreisen zählt die Depression als Krankheit, die inzwischen sehr gut erforscht ist und drei mögliche Verläufe aufweist: leichte, mittelschwere und schwere. Die Behandlung erfolgt grundsätzlich durch ärztliche Schul- oder Alternativmedizin, mittels Medikamenten und ambulanter und/oder stationärer Therapien (die über einen längeren Zeitraum sein können).

Arbeitsunfähigkeit ist häufig der Fall. Die Hälfte der Suizidfälle geht auf Depressionen zurück. Die Ursachen und Motive sind multilateral und können bereits seit der Kindheit offen oder latent vorhanden sein, meist ausgelöst durch Traumata.

2. Symptome: gedrückte Stimmung, grübeln, mangelnder Antrieb, Morgentief, Hoffnungslosigkeit, Verlust an Freude, Leistungsunfähigkeit, Libidoreduzierung, Mangel an Empathie, Interesselosigkeit am Leben. Charakteristisch ist vor allem die Emotionalitäts- und Affektarmut. Es werden keine Gefühle gezeigt, keine Trauer, keine Freude, kein Lachen, keine Tränen, gleichsam ein »stummes Sein«.

3. Schulisches Handeln: Die Depressionen sind in allen Altersstufen und in der gesamten Gesellschaft vorzufinden, so auch in der Schule als Lernort *und* als System. Deshalb ist zwischen den erkrankten Personen (endogen) und möglichen Folgen durch das System (exogen) zu unterscheiden.

a) Die Lehrerinnen bzw. Lehrer als Betroffene
Zunächst: *Trauer* ist kein Symptom der Depression, sondern stimmiger Gefühlsausdruck schlimmer Situationen, belastender Erlebnisse und gravierender Schicksalsschläge »mitten im *Leben*«.

Die Symptome der Depression hingegen weisen sehr deutlich auf Verhaltensweisen hin, die lebensbehindernd sind, die Leben blockieren und die Leben zerstören können.

Für Lehrerinnen und Lehrer sind es gerade diese Symptome, die ihre Berufsausübung stark beeinträchtigen oder verhindern. Deshalb ist, falls Sie oben genannte Symptome bei sich selbst wahrnehmen, der Gang zum Arzt notwendig: Klärung und ggf. medizinische Behandlung. In diesem Zustand »Schule halten« würde Sie selbst und die Kinder und Jugendlichen gefährden.

b) Die Lehrerinnen bzw. Lehrer als Betreuende

Weil der Lehrberuf zum Beziehungsberuf mutiert ist, gehört es dazu, u. a. auch über Depressionen dreifach Bescheid zu wissen: über die Symptome, über die möglichen Ursachen und über Therapien, um im Schulalltag potenzielle Fälle behandeln zu lassen. Vor allem sind es Jugendliche in der Pubertät, in der es um körperliche und seelische Veränderungen und um Selbstfindung geht. Genaues Hinschauen und Wahrnehmen sind die Prioritäten, um dann schulintern darüber zu reden und entsprechend handeln zu können: Gespräche im Kollegium führen, Informationen über die Wahrnehmung sammeln und dich darüber austauschen, Kontakte mit den Betroffenen und den Erziehungsberechtigten aufnehmen und (behutsam) Vorschläge unterbreiten, medizinische Behandlungen vermitteln.

Ängste

Ängste gehören zu unserem Leben, die *existenziellen* wie Angst vor Arbeitslosigkeit, Krankheiten, vor dem Verlust naher Menschen, dem Sterben, dem Tod, vor Schicksalsschlägen. Andere Ängste haben mit unseren Verhaltensweisen zu tun, mit unseren Beziehungen zu Menschen, mit Belastungen und Hindernissen im *Alltag*. Mit beiden Arten können wir lernen, so umzugehen, dass sie uns sowohl vor Gefahren warnen als auch befähigen, lebenstauglich zu sein.

Nachfolgend konzentriere ich mich auf diejenigen Ängste, die sich intern und extern auf die Schule beziehen, und zwar auf Lehrerinnen- und Lehrer sowie wie auf Schülerinnen- und Schülerseite.

Zum Einstieg und als Impuls zeige ich Ursachen meiner eigenen damaligen Schulängste auf:

* In der Volksschule Auslachen und Erpressungen durch einige Kameraden, im Gymnasium Klassenarbeiten, weil mein Vater, ohne zu schimpfen, bei schlechten Noten immer erschrocken sagte: »Um Gottes willen!« In der Oberprima durch unseren Englischlehrer, immer dann, wenn er uns pauschal zusammenbrüllte. Das wars: Dank allen anderen *personenfreundlichen* Schulbegleiterinnen und Schulbegleitern.

Zum Innehalten, meine Empfehlung:
Ihre Schulzeit Revue passieren lassen und Ihre Ängste notieren, damals als Schülerin bzw. Schüler, damals und jetzt als Lehrerin bzw. Lehrer – und das kann zeitlich mehr als ein halbes Leben sein.

Manche Ängste können wir relativ gut wegstecken, einige plagen uns im Beruf, andere rauben uns bisweilen den Schlaf und wieder andere machen uns wirklich *krank.* Sie können bis in unsere Kindheit zurückgehen und sehr viel mit unserer Erziehung zu tun haben:

a) Ängste von Schülerinnen und Schülern
- zu versagen, die geforderten Leistungen nicht zu erbringen
- ausgelacht, bloßgestellt, gemobbt zu werden
- den Anforderungen nicht zu genügen
- dem Druck der Eltern nicht standzuhalten
- zu hohen eigenen Ehrgeiz zu haben
- bei Klassenarbeiten zu scheitern
- nicht versetzt zu werden
- nicht akzeptiert, abgelehnt zu werden
… also Ängste, die die eigene Person und/oder die eigenen Leistungen betreffen.

Um die Ängste von Lehrerinnen- bzw. Lehrerseite in Bezug zu den Schülerinnen und Schülern zu vermeiden, gilt:
- kein: »Du musst keine Angst haben!« (Hat er/sie aber.)
- kein: »Das ist nicht so schlimm.« (Ist aber schlimm.)
- kein: »Das kannst du, schaffst du schon!« (Das kann nur sie/er herausfinden.)
- keinen Leistungsdruck ausüben: »Mach schon! Auf!«
- ihnen keine Aktivitäten aufdrängen
- keine persönlichen und sachlichen Abwertungen aussprechen
- keine Verallgemeinerungen und Pauschalierungen verteilen

Stattdessen:
Grundsätzlich Akzeptanz und Wertschätzung entgegenbringen und zwischen Beziehungsrespekt und sachlichen Rückmeldungen trennen, differenzierte, personenzentrierte und unterschiedliche Aufgaben stellen. Und auf jeden Fall: Mit Einzelnen, in der Gruppe/Klasse und mit den »strengen« oder ängstlichen Eltern reden.

b) Ängste von Lehrerinnen und Lehrern
Bei ihnen stelle ich seit vielen Jahren hauptsächlich folgende Grundängste fest, die den Ängsten der Kinder und Jugendlichen nahestehen, weil auch diese bis in die eigene Kindheit und Erziehung zurückreichen, und zwar als Angst,
- den *eigenen* Ansprüchen nicht zu genügen
- schon wieder Misserfolge erlebt zu haben
- den fremden Ansprüchen nicht zu genügen
- die Erwartungen *anderer* nicht erfüllen zu können
- zu wenig zu leisten und zu oft zu versagen
- zu wenig Zuwendung zu bekommen bzw. sie zu verlieren.

Die *Ängste von* Schülerinnen und Schülern sowie von Lehrerinnen und Lehrern haben also erhebliche Gemeinsamkeiten, weil sie gemeinsame

Wurzeln haben – und damit sogar gegenseitig Solidarität und Verständnis zum Ausdruck bringen können.

Aus diesen Grundängsten entstehen dann eine Reihe von einzelnen Ängsten, die sich im Alltag manifestieren können, wie Elternabende halten, sich im Kollegium mitteilen, vor großen Gruppen sprechen, mit Schülern nicht »fertig werden«, in Gesprächen den Kürzeren ziehen, mit dem Stoff hinterherhinken u. a. m.

Vier *Empfehlungen* zum Minimieren von Ängsten:
1. Von idealistischen zu realistischen Erwartungen gelangen, den Blick auf das richten, was ist, und nicht darauf, was »man« *wünscht oder was sein soll.*

* Ein Kollege hatte seit Jahren einen hohen Anspruch an sein eigenes Tun, den er in dem Satz ausdrückte: »Ich muss es doch schaffen, dass alle Eltern mit mir zufrieden sind.«
2. Wir koppeln die *Erwartungen* anderer an uns mit der *Erfüllung* der Erwartungen – statt zu trennen: Erwartung an uns ist das eine, Erfüllung das andere. Der Leitsatz lautet: Ich nehme die Erwartungen anderer auf, überdenke sie und entscheide dann, was ich tun kann und was nicht.

* Ein Vater zu einer Grundschullehrerin: »Sie müssen unbedingt erreichen, dass mein Sohn die Empfehlung für das Gymnasium bekommt.« – In der Beratung sagte die Lehrerin, sie fühle sich total unter Druck gesetzt und empfinde die Erwartungen sogar als Bedrohung, die bei ihr große Ängste auslöste.
3. Die eigene Professionalität festigen bzw. erweitern: Wissen und Können geben Sicherheit und minimieren dadurch Ängste.

* »Mir kann man nicht so schnell an den Karren fahren«, sagte, sehr selbstbewusst, ein Kollege. »In der Schule bin ich der Fachmann und mit den Gesetzen kenne ich mich aus.«

4. Respekt erwarten: Wir können Respekt einfordern, nicht jedoch geliebt werden, auch wenn dieser Wunsch sehr verständlich ist.

* Eine Kollegin teilte jede Woche am Montag in der ersten Stunde ihren Schülerinnen und Schülern (= Kindern) Bonbons aus. Als ich sie einmal vor Unterrichtsbeginn dabei beobachtete und sie nach dem Grund fragte, sagte sie: »Ach, wissen Sie, das sorgt für gutes Klima, und (etwas errötend) die Kinder mögen mich dann mehr.«

Wer Angst davor hat, von anderen nicht (mehr) geliebt zu werden, tut (fast) alles, um die Liebe aufrechtzuerhalten, und begibt sich damit in Abhängigkeiten.

Die Schule ist nicht der Ort, um vom Schulleiter, von den Kolleginnen, den Schülerinnen, den Eltern geliebt zu werden. Die *Unabhängigkeit* von ihrer »Liebe« ist schlechthin *die* Voraussetzung, um als Lehrerin bzw. Lehrer frei und (fast) ohne diese Grundängste zu leben und dadurch auch Bedingungen für gutes Unterrichten zu schaffen.

Ich nenne vier »Angsttöter«:
1. Eine fundierte Ausbildung mitbringen und sich stetig fortbilden. Was man von anderen Berufen erwartet, gilt auch für den eigenen. 2. Sich Situationen vorstellen, die Angst auslösen, und entsprechendes Handeln antizipieren, damit diese Angst vermindert oder verhindert wird: sich auf Gespräche vorbereiten, sich eine Vorgehensweise zurechtlegen, sich vorstellen, vor einer großen Gruppe zu sprechen.
3. In bestimmten Situationen die auftretende Angst artikulieren und in Aktivität umsetzen: »Liebe Eltern, dies ist mein erster Elternabend … Da ist mir noch etwas mulmig zumute.«
4. Menschen, die einem Angst einflößen, Grenzen setzen oder sie meiden: »Ich möchte nicht, dass Sie in diesem Ton mit mir reden …« – »Wenn Sie weiterhin so abfällig reden, beende ich das Gespräch.«

* Wenn ich vor vielen Menschen spreche, nehme ich auch immer Gesich-

ter wahr. Dann konzentriere ich mich auf die, die mich direkt ansehen, die mich anlächeln, die nicken …, die also auf mich positiv wirken. Ich hänge mich bei ihnen ein.

Orientierungslosigkeit

Ich habe dieses Thema zur »Station« erhoben, weil es mir in meinen Beratungen und beim Coaching seit vielen Jahren genannt wird, obwohl es in den Kollegien insgesamt eher weniger artikuliert wird. Der Weg dorthin beginnt mit Fragen, Hinterfragungen, Unsicherheiten, die im Beruf auftauchen:

O-Ton von Lehrerinnen und Lehrern: »Was mich (alles) unsicher macht«:

nicht sattelfest zu sein, Fehler zu machen, das Falsche zu sagen, Wichtiges zu übersehen, die Kontrolle zu verlieren, den anderen nicht gerecht zu werden, nicht alles im Griff zu haben, nicht sofort reagieren zu können, nicht Bescheid zu wissen über etwas, als inkompetent zu gelten, nicht schlagfertig genug zu sein, vor großen Gruppen reden zu müssen, taxiert zu werden, auf Menschen zu treffen, die mehr können als ich, die Willkür anderer, sarkastische oder zynische Menschen …

Hinter diesen Unsicherheiten steht oft mangelndes Selbstwertgefühl, dessen Beschädigungen von der Kindheit bis ins Heute reichen:

- Elternhaus: »Du stellst dich aber wieder an. Mit dir muss man sich ja schämen.«
- Schule: »Das kannst du ja doch nicht. Und du wirst es auch nie lernen!«
- Gruppe: »Hau ab, dich können wir hier nicht brauchen!«
- Pubertät: »Wo treibst du dich denn rum? Mach was aus dir!«
- Studium: »Die Unterrichtsstunde war eine einzige Katastrophe.«
- Beruf: »Was, das können Sie immer noch nicht?«
- Partnerschaft: »Mein größter Fehler: Ich hätte dich nie heiraten sollen.«

Die Liste ist schier endlos.

Es gibt also Zusammenhänge zwischen Hilflosigkeit, Beschädigungen des Selbstwertgefühls in der Lebensgeschichte und Orientierungslosigkeit. Man kann sich von ihnen befreien – vorausgesetzt, man ist gesund, entsprechend ausgebildet und in keinen Extremsituationen. Kommen keine Stabilisierungfaktoren hinzu, dann erfolgen verstärkt die Suche nach (Neu)Orientierungen oder sogar Abdrift in die Orientierungs*losigkeit*, zum Beispiel:

Zu Berufsbeginn die Unsicherheit, den richtigen Beruf gewählt zu haben, ungünstige Erfahrungen als Lehrerin bzw. Lehrer auf der Sach- wie Beziehungsebene zu machen, Misserfolge zu erleiden und schlechte Beurteilungen zu erhalten. Meist kommen private Belastungen durch Krankheiten und Trennungen hinzu. Immer mehr taucht der Begriff Frust auf, Schulabsenzen nehmen zu, der frühere Elan und die Freude schwinden, bis hin zu eigenem Kranksein, körperlich wie seelisch. Mit den Fragen: Soll es weitergehen? Wie soll es weitergehen? Wohin geht mein Weg? An was kann, soll ich mich orientieren? Noch dazu in einem »Weltmilieu« der Globalisierung, Digitalisierung und sozialen Medien mit einer Fülle von Angeboten.

Grundsätzlich gilt:
- Hilflos bist du nur, wenn du keine Hilfe hast.
- Es gibt immer etwas, was du tun kannst.
- Die Orientierung kommt aus dir und durch deine Wahrnehmungen.
- Von der Hilflosigkeit zum selbstbewussten Agieren kommen und von dort durch Selbsterfahrungen zu (neuen) Orientierungen finden.
- Kontakt zu Menschen haben, die dich unterstützen, die dich ermutigen, die dich akzeptieren, die offen zu dir sind, und die sich wertschätzend äußern.
- Situationen meiden, die dich überfordern, in denen du dich unsicher fühlst, durch die du in Stress geraten könntest, die dich isolieren.
- Nach vertrautem Umfeld suchen und sich mit kleinen Schritten in »unbekanntes Land« wagen. Familie und Freundeskreis begleiten dich.
- Sich Menschen entziehen, die dich abwerten statt aufbauen, die destruktiv statt konstruktiv handeln, die »müde lächeln« statt herzhaft lachen, die dich überfordern statt fördern.

→ Du bestimmst, von wem du dich verunsichern lässt!

Gewinn von Orientierung
Wenn Sie in Situationen kommen, in denen Ihre *Selbst*-Sicherheit ins Wanken gerät, dann können Sie (je nach Persönlichkeit und Kontext) unterschiedlich handeln, indem Sie zum Beispiel
- erst einmal tief Luft holen
- sich einen Zeitpuffer geben (= nicht sofort reagieren)
- zurückfragen und nach Klärungen suchen
- über sich selbst lächeln (Humor entspannt!)
- Provokationen vermeiden
- die Unsicherheit mitteilen
- ein Gespräch anbieten
- eine Pause einlegen
- »aus dem Feld gehen«
- ggf. eine Nacht überschlafen
- und im Kollegium in einem Team arbeiten:

* »Ich bin mit Vorbehalten in ein Team gegangen«, sagte mir ein Lehrer, »weil ich der Meinung war, dass meine individuellen Qualitäten nicht genügend zur Geltung kommen würden. Aber dann merkte ich rasch, dass durch die Zusammenarbeit ganz neue Qualitäten entstanden sind. Das war schon sehr beeindruckend. Ich fand wieder Boden unter meinen Füßen.«

* Wussten Sie, dass Gänse, die in V-Formation fliegen, einander das Fliegen erleichtern und ein Vogelschwarm auf diese Weise 71 Prozent mehr Flugleistung erreicht als ein allein fliegender Vogel?

Ja, es entstehen neue Qualitäten, denn: Viele Augen nehmen mehr wahr. Viele können mehr als einer, die Kompetenzen verdichten und die Lasten verteilen sich. Zwei oder drei kommen der Wahrheit näher als einer. Teamarbeit ist also sinnvoll, sei es in der Schulleitung, im Kollegium oder in Klassen und Gruppen.

Teambildung kann ge-/erwünscht, aber nicht erzwungen und die Zusammensetzung nicht verordnet werden. Sie geschieht durch die Beteiligten selbst, sei es aus Sympathie, sei es aus sachlichen oder funktionalen Gründen.

Die Einzelnen brauchen Klärung: Will ich, kann ich im Team arbeiten? Welcher Typ bin ich, wenn es um gemeinsames Arbeiten geht? Wer passt zu wem? Was gebe ich auf, *was gewinne ich*?

Der Gewinn muss größer sein als der Aufwand, die Entlastung höher als die Belastung, wie in einer guten Ehe.

* Teamarbeit: Nicht wie in einer Ehe, in der die Partner die Schwierigkeiten gemeinsam lösen, die sie nicht hätten, wenn sie allein wären!

Teamarbeit: Vom Einzelkämpfer zum Teamplayer

Von der Erziehung zur Beziehung

Von der Beliebigkeit zur Verbindlichkeit

Von der Belastung zur Entlastung

Vom Guten zum (noch) Besseren

Und vielleicht können die *zehn »goldigen« Regeln zur Verhinderung von Teamarbeit* Ihnen sogar Orientierungshilfe geben, aus der Humorecke:

1. Komme immer zu spät zur Schule und gehe früher nach Hause, damit du keine Kolleginnen bzw. Kollegen triffst, die dich zur Teamarbeit auffordern könnten.

2. Meide Lehrerzimmer. Es könnte sein, dass dort über Teamarbeit diskutiert wird.

3. Vermeide Kontakte mit deinem Schulleiter. Er könnte dir Teamaufgaben übertragen.

4. Gehe finsteren Blicks durch das Schulhaus, damit du möglichst wenig angesprochen wirst.

5. Verschanze dich in deinem Klassenzimmer und erwecke den Eindruck einer total gestressten Lehrkraft.

6. Sprich immer abfällig über Teamarbeit und gib zu verstehen, dass Gruppendynamik nur etwas für Psychologen ist.

7. Zeige dich nie im Gespräch mit anderen, damit dein Image als Einzelgänger erhalten bleibt.
8. Schreibe anonyme Briefe, in denen steht, dass Teamarbeit nur eine Versammlung von frustrierten Wichtigtuern ist.
9. Lasse dich nie dazu überreden, in deinen Klassen Gruppen- und Teamarbeit einzuführen.
10. Vorsicht: Im Wort Teamarbeit steckt das Wort *Arbeit!*

Zurück in die *wirkliche* Teamarbeit:
Statt konkurrieren kooperieren:
Wir sitzen alle in einem (Schul-)Boot!
Und orientieren uns nach der Sonne und dem Wind!

Sinnverlust

Ich habe bewusst Sinn*verlust* geschrieben, weil er sich aus den vorhergehenden acht »Stationen« ergeben kann, unter Umständen aus Überforderungen, die wiederum Depressionen oder Ängste nach sich ziehen. Immer mehr taucht die Frage auf, ob das, was Lehrerinnen und Lehrer tun, sinnvoll ist – und dies innerhalb von 35 bis 40 Berufsjahren, wie in vielen anderen Berufen auch. Dabei gibt es mehrere Gründe des Verlustes: Er, der Beruf, wurde bereits unter Zwang, aus Tradition, aus Routine begonnen. Die Erwartungen und Erfolge haben sich nicht erfüllt. Die Bedingungen und Umstände haben sich verändert – ganz besonders aber auch diejenigen, die den Verlust erleben, selbst: Veränderungen in 40 Jahren.

Was kann da »alles« geschehen, privat und beruflich? Dabei spielt die Zeit fast keine Rolle. Der Verlust kommt allerdings schleichend, was aber in jeder Phase des Berufslebens geschehen kann.

Was den *Lehr*beruf angeht, so gibt es – wie in anderen Berufen auch – keinen »Mengenrabatt«. In ca. 40 Jahren 8000 Unterrichtstage, 40.000 Unterrichtsstunden, ungezählte Klassenarbeiten, Korrekturen, Benotungen, Konferenzen und Exkursionen, ca. 800.000 Ermahnungen und Appelle … von den vielen »Nebensächlichkeiten« ganz zu schweigen.

Da kann der Sinn schon verloren gehen, können die Belastungen sich ins Uferlose erstrecken und Krankheiten den Beruf erschweren oder sogar beenden. Auch hier stellt sich des Öfteren die Frage, was krank am System ist und/oder was Lehr*kräfte* (!) falsch machen.

Das »Falschmachen« wandle ich um in: gut gemeint, aber zu wenig professionell praktiziert (angesichts der berufsfernen Ausbildung). Und das *System* ist »selbstverliebt« und kaum personenorientiert.

Es gibt keine eindeutigen Ursachen, wenn der Sinn verloren geht, weil es zu viel endogene und exogene Wirkungsfaktoren gibt. Feststellbar jedoch sind Möglichkeiten und Wahrscheinlichkeiten durch das Schulsystem, wenn

- dirigistische und autoritäre Strukturen und Verhaltensweisen von Personen die Transparenz vermissen lassen
- Obrigkeitsdenken vorherrscht und Kooperation keinen Platz findet
- auf den Rechtsstatus verwiesen und Rechtfertigung artikuliert wird
- deutlich wird, dass das System zu Ungunsten der Personen agiert
- den Schulen vor Ort, den Beteiligten dort (Schulleitung, Kollegien, Schülerinnen bzw. Schülern und Eltern) Ideen zunichte und Vorschläge abschlägig gemacht werden

Kein Wunder, wenn dadurch Frustrationen und Resignationen entstehen, sich Sinnverlust ankündigt und Krankheitsbefunde häufen.

Die Lehrpersonen erleiden Sinnverlust, wenn

- sie ihre Wünsche, Vorschläge und Vorhaben nicht einbringen können
- sie für sich Sinnloses tun müssen – und dies gegen ihren Willen
- ihre Enttäuschungen immer größer werden und sie keine Zukunftschancen sehen
- sie innerlich müde geworden sind und äußerlich entmündigt wurden: »Es hat keinen Sinn mehr. Ich finde keinen Sinn mehr. Sinnlos das Ganze«

Dies sind dann Sätze, die ausdrücken, dass Menschen der Sinn verlustig gegangen ist, mit Folgen wie innerer und äußerer Kündigung, Weitermachen ohne Elan, Ausharren im System, Notwendigkeit sehen, zu gehen, oder die Flucht in die Krankheit antreten, aussteigen, weil sie die Leere nicht mehr ertragen.

- Menschen finden (wieder) ihren Sinn und gesunden, wenn
  - sie nicht in die Pflicht genommen werden, sondern sich frei entscheiden können
  - sie flexibel in ihrer Arbeitszeit und in ihrem Deputat sein können
  - im Kollegium statt Durchsetzungsmethoden Achtsamkeit, Kooperation, Rücksichtnahme und Vereinbarungen praktiziert werden
  - sie gegenseitig Respekt, Wertschätzung und Unterstützung erfahren können
  - Vertrauen das Misstrauen ablöst und Vorgesetzte sich partnerschaftlich verhalten

»Ich möchte wieder in die Schule gehen«, sagte eine Lehrerin, »wenn sie so ist, dass ich am Abend glücklich einschlafen kann.«

So ermutigend, liebe Kollegin ***

(Näheres siehe Precht, 2022, »Die Sinngesellschaft«, S. 291 ff: u. a. die Abkehr von der Erwerbsarbeit hin zur sinnvollen Beschäftigung.)

Teil 4: GESUNDUNGEN

durch Selbstverantwortung, Freiheit und Kooperation

Ich habe den Untertitel meines Buches … *und seine Gesundung* genannt, was mir ein besonderes Anliegen ist, und mache in neun Stationen halt. Ich zeige auf, wie eigene Verhaltensweisen und Tätigkeiten Voraussetzungen und Stärken sind, um im System Schule gar nicht erst krank zu werden beziehungsweise wieder zu gesunden. Zweierlei ereignet sich dann: Die Stabilisierung Ihrer Gesundheit und dadurch die Gesundung des ganzen Systems: Es verändert sich, weil Sie sich verändern. Mag das System auch sein, wie es ist: Sie »spielen« nicht mehr mit!

Ich beginne mit dem *Selbstbewusstsein*, weil es für mich der Dreh- und Angelpunkt und die Basis für Gesundung generell ist.

Selbstbewusstsein

Es besteht im Kern aus vier Phänomenen, aus *Empfindungen* (Schmerz, Geborgenheit, Scham, Nähe), *Gefühlen* (Freude, Trauer, Glück, Schuld), *Denken* (Descartes: »Ich denke, also bin ich.«) und *Verhaltensweisen* (Tatkraft, Willensstärke, Sicherheit, Hilfsbereitschaft).

Bekannt sind Sätze bei der Beobachtung von Menschen, die etwas Ungewöhnliches darstellen: »O, da brauchst du aber Selbstbewusstsein!« Oder bei mangelnder Leistung: »Ich habe zu wenig Selbstbewusstsein.« Oder in zwischenmenschlichen Beziehungen: »Ich bin mir bewusst, dass ich jemanden verletzt habe, dass ich empathisch bin, dass ich schnell beleidigt reagiere, dass ich tausend Ideen habe …«

Das Selbst ist das »Zentralorgan« unserer Persönlichkeit.

* Ich bin bei Bekannten zu Besuch. Ein Junge, vier Jahre alt, führt mich, unaufgefordert, in sein Zimmer, deutet auf ein Poster und sagt: »Das kann ich alles schon.« Sein Gesicht strahlt. Ich sehe Gemaltes, Gezeichnetes: Einen Nachttopf, eine Zahnbürste, einen Schuh, ein Dreirad, ein Messer, ein Hemd, einen Teller und noch einige andere Gegenstände. »Mein Papa hat mir geholfen. Wenn ich schreiben kann, dann mach' ich ein Extraposter.«

* Unsere Tochter, 12 Jahre alt, fragte mich: »Papa, wie werde ich selbstbewusst?« – »Ich gebe dir einen Tipp: Du schreibst auf, was du an einem normalen Werktag alles gemacht hast. Jeder Satz muss mit *Ich* beginnen.« Einige Tage später zeigt sie mir ein Blatt mit 14 *Ich*-Sätzen. »Das habe ich heute alles gemacht.« Sie ist sichtlich stolz. Ich auch!

Beiden Kindern wurde ihr *Ich*, ihr Selbst, bewusst durch *Selbst*wahrnehmungen und -erfahrungen. Und wie oft wird ihnen ihr Ich von anderen genommen. Bereits Vierjährige bekommen pro Tag zwischen 250 bis 300 Appelle, Fremdbestimmungen, Abwertungen, Missachtungen: »Du bist ja nur ein Mädchen. Heulsuse. Jungen weinen nicht. Reiß dich zusammen! Papa weiß es besser. Du täuschst dich! So kannst du das nicht sagen! Das wirst du nie schaffen. Mit dir muss man sich ja schämen. Lass dich nicht so hängen! Stell dich nicht so an! Weichei! Feigling! Sei nicht so eigensinnig!«

Durch solche Sätze werden die Angesprochenen »*Du*-trainiert«. Ihr *Ich* wird vernachlässigt, sogar übersehen. Ihr eigenes Selbst wird lieblos behandelt.

Und weil Kinder (noch) abhängig in ihrer Entwicklung, Hilfe bedürftig, auf der Suche nach ihrem Selbst sind, Schutz brauchen und sich nicht wehren können, wirken sich diese verbalen Tötungen des *Selbst* extrem negativ auf ihre Persönlichkeits*entwicklung* aus. Nehmen wir die Erziehungs- und Strafmaßnahmen und die körperliche und seelische Gewalt hinzu, dann entstehen zwei entscheidende menschliche Haltungen und Verhaltensweisen bereits in der Kindheit:

Als Kind blind zu gehorchen (1) oder widerständig zu agieren (2) vor dem Hintergrund der Tiefenerfahrung: Ich bin nichts wert! Ich gelte nichts. Meine Bedürfnisse und Wünsche werden negiert.

Die Pubertätsphase ist u. a. der Ort, an dem Kinder und Jugendliche auf der Suche nach ihrer Identität sind. Wird diese Suche von den Erwachsenen unterstützt, wohlwollend begleitet und beschützt, so haben die Heranwachsenden weitaus weniger Hürden zu überwinden. Ihre Weiterentwicklung geschieht dann fast von selbst auf natürliche Weise durch die Einstellungen der Erwachsenen: lassen, zulassen, schützen – und sie selbst, die Jugendlichen, müssen nicht »pubertär ausflippen«, sondern können sich *ent*falten, entsprechend ihren genetischen, körperlichen und seelischen Gaben und Neigungen. Wachstum entsteht durch Begleiten und Fördern und nicht durch Zwangseinflüsse.

Wirklich liebende Menschen sind nicht selbstlos. Nur wenn ihr eigenes Herz schlagen darf, wird es auch für andere gesund schlagen können (anstelle mit Fäusten der Gewalt).

Wenn ich in meinen Kursen Menschen über ihr Selbst befrage, bekomme ich meist folgende Antworten:
- Ich habe eher Zweifel an mir statt Selbstbestätigungen.
- Ich frage mich eher, was ich falsch gemacht habe.
- Ich bin mir gegenüber skeptisch eingestellt.
- Ich traue anderen mehr zu als mir selbst.
- Mein Selbstwertgefühl gerät bisweilen ins Wanken.
- »Ich kann das ja doch nicht«, sagt meine innere Stimme.
- Wenn ich vor Aufgaben gestellt werde, dann fühle ich mich sofort minderwertig mit dem Satz: »Kann ich ja doch nicht.«

* Ich wurde einmal gefragt, ob ich Situationen kenne, denen ich mich nicht gewachsen fühle. Und ich sagte: »Nee« und fand diesen Satz zunächst überheblich und arrogant, bis ich ergänzte: »Nee, weil ich in Situationen, denen ich mich nicht gewachsen fühle, jeweils sage: ,Ich fühle mich dem und dem nicht gewachsen'.« Ich bleibe also authentisch.

* Während eines Podiumsgesprächs unterbrach ein Teilnehmer häufig die Äußerungen eines anderen, worauf dieser sagte: »Ich habe den Eindruck, meine Meinung interessiert Sie nicht.« – »Neee«, meinte sein Gegenüber. »Dann werde ich sie auch im weiteren Verlauf nicht mitteilen«, bekam er zur Antwort.

Selbstbewusst und klar – und nicht konternd, beleidigt, beleidigend, abwertend agieren, war seine Reaktion, und auch nicht verunsichert oder un*selbst*ständig, wie zum Beispiel: Nicht sattelfest sein, Fehler machen, das Falsche sagen, Wichtiges übersehen, die Kontrolle verlieren, den anderen nicht gerecht werden, nicht alles im Griff haben, nicht sofort reagieren können, nicht Bescheid wissen über …, als inkompetent gelten, vor großen Gruppen reden zu müssen, taxiert zu werden, auf Menschen zu treffen, die mehr können als ich, die Willkür anderer, sarkastische oder zynische Menschen …

Unter dem Aspekt des Gesundseins und der Gesundung hat das *Selbst*bewusstsein weiträumige Aufgaben: sich wahrnehmen ohne Bewertung, körperliche Befindlichkeiten, Gefühle, Empfindungen bemerken, die immer Botschaften sind.

Das Selbst ist also ein achtsamer Wächter unseres gesamten Seins – und meldet sich sehr deutlich: Kopfschmerzen bei Überforderungen, Wohlfühlen bei Entspannung, Magenkrämpfe bei Kränkungen, Trauer bei Schicksalsschlägen, Freude bei Erfolgen, Liebe bei Nähe und Geborgenheit.

Autonomie

Laut Duden auch »Unabhängigkeit« genannt, ist sie in einem System, das Abhängigkeit erzeugt und einfordert, schwer zu erreichen.

Lehrerinnen und Lehrer schildern, wovon sie abhängig sein können, sowohl emotional als auch in ihren Handlungen:
- *von der Schulverwaltung*: durch Vorschriften, Lehr- und Bildungspläne,

Direktiven, Anweisungen, autoritäre Verhaltensweisen, Bewertungen und Beurteilungen

- *von den Behörden in den Gemeinden*: durch Beschlüsse, Finanzierungs-engpässe, politische Entscheidungen, Parteikontroversen, Interessens-konflikte einzelner Institutionen
- *von der Schulleitung*: durch autoritären Führungsstil, intransparente Beurteilungen, mangelnde Transparenz, subjektive Vorlieben, persönli-che Animositäten, Beliebigkeiten, Stimmungen, Unberechenbarkeiten, eigene Abhängigkeiten von anderen Instanzen
- *von Kolleginnen und Kollegen:* durch ihre intolerante Mitarbeit, Art der Kommunikation, Einschätzungen und Bewertungen, Schweigen und Verschweigen
- *von den Schülerinnen und Schülern*: durch abwertende bis aggressive Verhaltensweisen, Lernverweigerungen, Unberechenbarkeiten und Stimmungen, persönliche Entwicklungen, schwierige Lebensgeschich-ten und familiäre Belastungen
- *von den Eltern*: durch unrealistische Forderungen, überzogene Erwar-tungen, Drohungen, sozialunverträgliche Verhaltensweisen, die Art der Zuwendung, persönliche Wünsche, familiäre Situationen., persönliche Beurteilungen
- *von eigenen inneren »Antreibern«*: durch überzogene Maßstäbe, Bewer-tungen, Wertvorstellungen, Glaubenssätze des Sollens und Müssens, Karrierevorstellungen, Stimmungen, Leistungsansprüche, selbstge-wählte Überforderungen

Und da soll qualitativ hochwertige Berufsausübung möglich sein?

Die Abhängigkeit hat Folgen: physische und psychische Belastungen, psychosomatische Krankheiten, inneres Hin- und Hergerissensein zwi-schen eigenen Bedürfnissen und Gehorsamsbezeugungen, Aggressionen und Depressionen, Ängste, Widerwillen, Lustlosigkeit, Fixierungen, ein-geschränkte Wahrnehmungen, unprofessionelles Arbeiten, Verhaltens-weisen, wie ungerecht, launisch, mürrisch, abweisend ... sein, Labilität u. a. m.

Aussagen zur Abhängigkeit:

* Frau T.: »Ja, ich bin abhängig von den Stimmungen meines Chefs. Ist er freundlich zu mir, dann geht es mir gut, übersieht er mich oder gibt er mir Anweisungen, die ich nicht verstehe, dann geht es mir schlecht. Manchmal erwische ich mich dabei, dass ich um seine Zuwendung buhle – und dann schäme ich mich. Ich schaffe es nicht, mich unabhängig zu machen.« Und im Nachsatz: »Ich weiß …, wie damals als kleines Kind bei meinem Vater …«

* Herr F.: »Es macht mir schon was aus, wenn ich mitbekomme, dass und wie die Eltern über mich im Ort reden … Am meisten ärgert mich, dass ich von ihrem Wohlwollen abhängig bin … und hilflos, mich sogar ausgeliefert fühle, weil ich nichts tun kann, wenn sie über mich reden.« Und im Nachsatz die Frage: »Soll ich auf einem der nächsten Elternabende mal mit ihnen darüber reden?«

* Frau P.: »Während der Heimfahrt im Auto denke ich vor allem an die Schüler, mit denen ich nicht zurechtkam. Ich merke ganz deutlich, dass ich von ihrem Verhalten abhängig bin: Sind sie gut drauf, dann bin ich erleichtert, haben sie einen schlechten Tag, dann denke ich entweder, was habe ich falsch gemacht, oder ich bin frustriert, weil sie sich verweigern.« Und im Nachsatz: »An die, die mitgemacht haben, denke ich kaum …«

* Herr N.: »Es kommt oft vor, dass einige meiner Schüler keine Lust haben, im Unterricht mitzuarbeiten. Ich versuche dann alles, um sie zu motivieren, meist vergeblich. Ich ärgere mich, dass es mir nicht gelingt, dass sie mitmachen … Bin ich jetzt schon so weit, dass ich von ihnen abhängig bin?«

Autonomie erleben wir ambivalent, weil wir persönlich von unseren eigenen physischen und psychischen Bedingtheiten, der Umwelt, in der wir leben, den Vernetzungen, in die wir involviert sind, und dem Eingebundensein in zwischenmenschliche Beziehungen abhängig sind.

Deshalb kann es »nur« darum gehen, Abhängigkeiten, die nicht zu verändern sind, zu erkennen, zu akzeptieren und die veränderbaren zu minimieren bzw. sich von ihnen zu lösen:

Vier Empfehlungen:

1. *sich anpassen* aufgrund von *Selbst*entscheidungen: Sich vom Gehorsam verabschieden, die Realitäten aus Vernunftgründen akzeptieren, begehbare Wege beschreiten, »Widerstand« aufgeben (ohne Larmoyanz und Wehklagen), aufgrund von Erwägung und Einsicht mitmachen.
2. *autonom handeln*, geleitet durch folgende Frage (nach R. Cohn): Was mache ich mit *mir*, wenn die Personen, die Dinge, die Situationen und die Umstände nicht so sind, wie ich sie haben möchte? Ich entscheide über mein Handeln.
3. *inneren Frieden finden*: Akzeptieren, dass Menschen unterschiedlich sind und unterschiedliche Erfahrungen und Ansichten haben, dass es Vielwirklichkeiten in verschiedenen Kulturen und eine Fülle von Möglichkeiten gibt, die Welt zu sehen und zu gestalten.
4. *im Reinen mit sich selbst sein*: Die eigene Lebensgeschichte, die eigenen Möglichkeiten und Begabungen, Wege und Umwege, Irritationen, Schicksale und Grenzen annehmen – ohne die Wünsche, Sehnsüchte, Hoffnungen und Zuversicht aufzugeben.

Autonomie: Eine dynamische Balance und Akzeptanz erreichen zwischen eigenen Bedürfnissen, Ansprüchen anderer und unabänderlichen Gegebenheiten ... und ohne inneren Groll und äußere Widerstände. Diese kosten weit mehr Energie, die an anderen Stellen fehlt – und auf Dauer krank macht. In der Natur, zu der wir selbst gehören, sind Anpassungen keine Zwangserscheinungen, sondern »naturgegeben« und sinnvoll, weil sie Wachstum und Entwicklungen fördern.

Empathie

* Ich hasse Staus, vor allem auf Autobahnen. Wieder einmal war es so weit: Meine Frau ertrug ihn geduldig, und ich ärgerte mich maßlos und trommelte mit der Rechten auf mein Armaturenbrett, was meine Frau dazu veranlasste, mit ihrer Linken mitzutrommeln, mit der Bemerkung: »Is aber auch blöd für dich!«

* Als ich einem Kollegen diesen Vorfall mitteilte, meinte er: »Ja, die A6, einfach beschissen!«

* In einer Gesprächsrunde erwähnte eine Kollegin, dass sie oft Kopfweh habe, worauf ein Kollege sich nach vorn beugte und sie fragte: »Spitz oder stumpf?«

Drei glänzende Beispiele, wie ich finde, die zeigen, was Empathie bedeutet bzw. zum Ausdruck bringt, nämlich das *Erleben* des anderen aufgreifen, es »resonieren« – und es nicht nur stereotyp oder routiniert als bloßes »Ich verstehe dich« zurückgeben. Ich sage dazu auch manchmal »mitschwingen«:
   Das »Mitschwingen« ist eine *intensive Form des Verstehens:*

*Meine Tochter sitzt am Schreibtisch, büffelt Mathe, kapiert es nicht und kratzt sich am Kopf. Ich komme hinzu, sehe ihr über die Schulter und kratze mich beim Lesen ebenfalls (unbewusst) am Kopf, worauf sie hochblickt und sagt: »Gell, jetzt kratzt du dich auch am Kopf.«

Mitschwingen geschieht durch verbale und nonverbale Kommunikation! Und das könnte auch minütlich in jeder Unterrichtsstunde der Fall sein!
   Wir können nicht mit Sicherheit wissen, nachvollziehen oder verstehen, was andere Menschen wirklich empfinden und wie es ihnen geht, zum Beispiel wenn sie Zahnschmerzen haben, verliebt sind, Angst erleben oder Fantasien entwickeln.
   Aber wir können, aufgrund eigener Erfahrungen, »mitschwingen« und uns den anderen mit unseren Empfindungen und Gefühlen nähern. Diese

werden durch verschiedene Aktivitäten so zum Ausdruck gebracht, dass sie der Empfänger mit seinen Sinnen wahrnehmen kann, sie also *spürt* und somit Verständnis *erlebt* und sich verstanden *fühlt*.

* Ich besuche eine Schule und sehe im Schulhof auf einer Bank einen Jungen sitzen, der auf mich einen alleingelassenen Eindruck macht. Ich gehe langsam auf ihn zu und setze mich auf das andere Ende der Bank, in seiner Körperhaltung, leicht nach vorn gebeugt, auf den Boden blickend. Nach einiger Zeit sehe ich, dass er mehrmals zu mir herüberblickt. Ich reagiere ebenfalls mit Blicken. Unvermittelt sagt er plötzlich: »Sie schauen auch auf den Boden, wie ich.« Und es entwickelt sich ein kurzes Gespräch mit ihm. Etwa zwei Jahre später komme ich wieder in diese Schule, überquere den Schulhof während der Pause. Ein Junge kommt auf mich zu, fragend: »Kennen Sie mich noch?« – »Nee«, erwidere ich und bleibe stehen. »Ich bin der von damals auf der Bank mit Ihnen …«

Nicht die Fakten bleiben in erster Linie in Erinnerung, sondern die Begegnung von Person zu Person. Bei ihm die Erinnerung: Da hat neben mir, auf gleicher Höhe, ein Erwachsener gesessen und mir zugehört.

»Mitschwingvorgänge« und Empathie, worunter man das Einfühlungsvermögen in andere und das Mitfühlen mit anderen versteht, sind zwei berührende Formen zwischenmenschlicher Kommunikation. Und vor allem: Wer sich verstanden fühlt, lässt sich weitaus mehr auf Beziehungen ein.

Ich unterscheide allerdings zwischen Einfühlung in sich selbst und Mitfühlen mit anderen. Bei der Empathie werden eigene Gefühle ausgelöst, die dann gleichsam die Brücke zu den Gefühlen der anderen bilden. Neurowissenschaftler haben herausgefunden, dass dabei die sogenannten Spiegelneuronen eine wichtige Rolle spielen: In einem Spiegelneuron werden die gleichen Aktivitätsmuster beim Zuschauer bzw. Betrachter erzeugt wie beim (beobachteten) Ausführenden.

Wir kennen das: Wir lachen »automatisch« mit, wenn andere lachen: »Lachen steckt an.« Wir gähnen mit. Trainer machen die Bewegungen ihrer Schützlinge automatisch/unbewusst nach: Sie springen mit den Hochspringern hoch (und können nicht auf ihren Stühlen sitzen bleiben), wenn ihre Boxerschützlinge Schläge bekommen, so tun ihnen diese selbst weh. Wir verziehen das Gesicht, wenn andere in eine saure Gurke beißen, den Zahn gezogen bekommen, rutschen tiefer in den Sessel, spüren eigenen Schmerz. Wir weinen mit, wir fühlen mit, wir leiden mit. Wir empfinden, »als ob« wir es selbst erlebten.

Bloßstellen, Abwerten und Kontern sind gesundheitlich grundsätzlich schädlich. Empathie, Mitschwingen und Reagieren als Resonanz, ein »Zurückklingen« auf Mitteilungen anderer, sind gesundheitsfördernd und zwischenmenschlich das Öl im kommunikativen Getriebe.

Empathie bedeutet jedoch nicht, vor lauter Mitfühlen im Gegenüber aufzugehen. Das würde Ich-Verlust bedeuten. Ein Freund der Empathie ist deshalb auch das »Bei-sich-bleiben-Können«, ein Sich-Abgrenzen, letztlich in einer Balance von Ich und Du sein, von sich für sich sorgen und sich um das Gegenüber sorgen.

Resilienz

Früher stand dieses Wort für Belastbarkeit, Gelassenheit, Durchhaltevermögen u. ä. Seit einigen Jahrzehnten versteht man darunter einen Prozess (einige nennen es auch Fähigkeit), belastende Lebensumstände gut meistern zu können, psychisch widerstandsfähig zu sein, Potenziale und Ressourcen zu aktivieren, eine positive Lebenseinstellung zu haben. Das lateinische Wort »resilire« ist sehr treffend, weil es »abprallen« bedeutet.

Ich verwende hier den Begriff als (notwendige) Trennung und nicht als krankhaft besetzte Abspaltung, als förderliche Bedingungen für Gesundheit, z.B.: faire Beziehungen, gelungene Kommunikation, Immunisierung, Lebensstärke, positive Ausstrahlung – und, sehr ambivalent, den *Perfektionismus.*

Seit ich Supervisionsgruppen leite (annähernd seit 40 Jahren), kommt das Thema »Perfektionismus« immer wieder zur Sprache, selten als inneres

»Auf-die-Schulter-Klopfen«, sondern meist als Problem, als Belastung, als Be-Drückung:

»Ich fühle mich getrieben.« – »Es ist fast wie ein Zwang.« – »Ich wiederhole Tätigkeiten, weil ich meine, sie sind immer noch nicht perfekt.« – »Je mehr Selbstzweifel ich habe, desto mehr verfalle ich in Perfektionismuszwänge.« – »Ich suche mir Anerkennung, indem ich möglichst perfekt bin.« – »Mein Dilemma: Je perfekter ich sein möchte, desto mehr Fehler mache ich schließlich. Ein Teufelskreis!« – »Perfektionismus begleitet mich seit der Kindheit. Meine Eltern haben mich nur anerkannt, wenn ich gut war.« – »Ich habe sogar andere verachtet, die nicht perfekt waren.« »Wäre ich ein Perfektionist, dann müsste ich meine Malerei aufgeben. Kunst und Perfektionismus passen nicht zusammen.« (Ein Maler)

Schule halten und unterrichten, ist in gewissem Maße auch eine »Kunst«. Da ist Perfektionismus kontraproduktiv. Häufig hat das Streben nach Perfektion seine Wurzeln in der Kindheit:

»Es zieht sich wie ein roter Faden durch mein Leben, das Gefühl, als Mensch nur dann etwas wert zu sein, anerkannt und gemocht/geliebt zu werden, wenn ich viel leiste, wenn ich gut bin. Einfach nur ‚ich‘ sein, reichte nicht. Ich musste mich immer anstrengen … Ich will mich aber nicht mehr anstrengen – ich bin es leid! Perfektionismus, eine völlig hirnrissige Art, mit meiner Lebensenergie umzugehen.« (Aus einem Brief einer Lehrerin, Frau N., 52 Jahre alt.) Frau N. schreibt aber auch: »Die positive Seite ist, dass ich mich durch diese Anstrengungsbereitschaft in Kombination mit Neugierde auch entwickelt habe, mir Aufgabenfelder und ‚Welten‘ erschlossen habe. Ich engagiere mich gern für andere Menschen oder begeistere mich für eine Aufgabe. Aber es sollte ein gesundes Gleichgewicht bestehen und mich nicht in Zwangshandlungen bringen oder gar zum Workaholic machen.«

Ein weiterer Grund, sich perfektionistisch zu verhalten, beruht auf der Erfahrung, nicht (genügend) geliebt worden zu sein und deshalb alles getan zu haben, was beliebt macht. Das nennt man: sich die Liebe erkaufen. Dies wiederum schafft Stress und öffnet die Sackgasse für Perfektionismus:

* »Ich musste immer beweisen, dass ich eine ‚wohlerzogene Tochter' bin, ein erfolgreicher Spross der Familie … Weil nicht wirklich geliebt, deshalb alles tun, was beliebt macht. Den anderen zuliebe etwas tun. Und alles nicht nur gut machen, sondern perfekt, vor allem auch, weil ich die Jüngste in einer Geschwisterreihe war. Mich trieb ständig das Gefühl, etwas leisten zu müssen …« (Frau Sch., 44 Jahre alt)

An die Stelle des Perfektionismus tritt die Einstellung, auf gute Qualität, Gelassenheit, Eigenleistung und Unabhängigkeit zu achten und dadurch gesund zu bleiben, sich *resilient* durch folgendes Tun zu verhalten:

1. Ich-Bedürfnisse wahrnehmen
Menschen, die ihre *Ich*-Bedürfnisse den *Du*-Zuwendungen hintanstellen, können *Selbst*verlust erleiden und in Abhängigkeiten denjenigen gegenüber geraten, denen sie helfen wollen. Überwiegt das Helfen, so überfordern sie sich selbst bis hin zu Erschöpfung und Zusammenbruch.

2. Verantwortung nur für sich selbst tragen
* Während der Feier zur Ernennung zum Schulleiter sagte mir Herr S., sichtlich zufrieden, er habe nun die Verantwortung für ca. 900 Personen übernommen, Schüler, Kollegium, Personal, und er versicherte mir, dass er alles tun werde, um ihnen gerecht zu werden. Ich habe ihn sehr verstanden in dem, was er meinte – und es war nicht der Zeitpunkt, ihm zu sagen, dass er nur für sich und sein Tun, nicht aber für andere verantwortlich sein könne.

3. Aufhören, andere zu motivieren
Die gesundheitlichen Belastungen bestehen darin, andere zu bewegen (= motivieren). Dies ist so anstrengend! An die Stelle der *Fremdbewegung* soll jedoch die *Selbstmotivation/-organisation* treten, die von außen nicht machbar ist. Wir können aber Bedingungen schaffen, damit sie durch Anbieten statt Antreiben, durch Führen statt Ziehen (geführt werden kann nur einer, der geführt werden will, sonst ist er gezogen worden), durch Auslösen statt Erzwingen, durch Stimulieren statt Dominieren möglich wird.

* Ein Vater geht mit seinen beiden Kindern in eine Buchhandlung, in der es viele Leseecken gibt. Er spendiert ihnen je 10 Euro mit den Worten: »Sucht euch etwas Schönes aus!« Der Junge, neun Jahre alt, kann schon lesen und eilt davon. Das Mädchen, etwa vier, und der Bilderbücher überdrüssig, bleibt zurück und murmelt: »Jetzt wird's Zeit, dass ich auch lesen lerne.«

Selbstmotivation des Mädchens: Es bewegt sich, weil es keine Lust mehr hat, Bilderbücher anzusehen (eine Fremdmotivation ist überflüssig).

Hinter dem Wunsch, andere zu bewegen, steht oftmals die Angst, sie würden sich nicht dorthin begeben, wohin man sie haben möchte. Hinter dem Zwang, andere zu bewegen, steht oftmals Macht, weil man sie dahin haben möchte, wo sie zu sein haben.

Es ist ethisch unzulässig, andere zu motivieren im Sinne von: Ich bestimme über dich, wann, wie und wohin du dich zu bewegen hast.

Resilienz ist eine gute Freundin, die wir beachten, die in unserem inneren Ohr oder in unserem Verhaltensrepertoire einen besonderen Platz einnimmt. Den Perfektionismus aus früheren Zeiten beiseiteschieben, in der Jetztzeit dafür engagiert und begrenzt arbeiten und sich in dieser Balance wohlfühlen.

PS: Aus der Schule geplaudert: Präsens, Imperfekt, Perfekt (= vollendet).

* Ich habe einmal über eines meiner Bücher gesagt: »Perfekt!« Darauf erwiderte meine Frau: »Und was machst du jetzt?«

Dissoziation

Nein-Sagen: Den einen fällt es schwer, den andern macht es nichts aus, die einen haben Schuldgefühle dabei, die anderen sind erleichtert … Ja-Sagen ist uns vertrauter als Nein-Sagen und war ein Teil der Erziehung in unserer Kindheit und weitaus selbstverständlicher, als »renitent sein zu dürfen«.

Um auf Distanz zu bleiben und sich von den Bedürfnissen, Wünschen, Sehnsüchten, Forderungen anderer nicht »auffressen« zu lassen, ist deshalb das sogenannte Dissoziieren im beruflichen Kontext besonders wichtig.

Damit ist gemeint, dass das Handeln eines anderen Menschen zwar wahrgenommen wird, ohne dass die eigenen Gefühle und Tätigkeiten durcheinanderkommen oder von anderen »aufgesogen« werden. Vor allem in Sozialberufen – in denen es immer auch um Distanzwahrung geht – ist dieses Verhalten notwendig, um handlungsfähig zu bleiben. Aus einem gewissen Abstand heraus, und dennoch beteiligt, nimmt man das Gegenüber wahr und tritt mit ihm in Kontakt und Beziehung.

Beispiel einer Dissoziation

* Während eines Lehrgangs schlug ich den Teilnehmenden eine Übung vor. Kaum Zustimmung seitens der Gruppe, manche ohne Interesse … Um Aufschluss über die Motivation der Teilnehmenden zu bekommen, zog ich mein Angebot zurück und forderte zu einer Feedbackrunde mit dem einleitenden Satz auf: »Mein Schweigen bedeutet …« Die meisten Antworten lauteten: »Bin noch nicht ganz da, bin noch zu müde, habe gerade keine Lust …« Nur einige wenige wollten mitmachen. Mit diesen begann ich, zu arbeiten, und ließ es den anderen frei, zu tun und zu lassen, was sie wollten. In einer Stunde neues Plenum, neues Angebot … Ich spürte bei mir keinen Ärger, keine Enttäuschung und fühlte mich in der Lage, mit den Interessierten zu arbeiten. Ich akzeptierte die Gefühle und Einstellungen der Teilnehmenden und war selbst innerlich frei, zu handeln.

In Sozialberufen sind Mitleid und (unbedingtes!) Helfenwollen die beiden größten Fallen in der Beziehung zu Menschen, weil bei beiden autonomes Handeln gefährdet ist. Deshalb sind Mitfühlen, aber nicht mitleiden, helfen, aber nicht symbiotisch verschmelzen von großer Bedeutung. Wer mitfühlt, zeigt Einfühlungsvermögen, ist dem Mitmenschen nahe. Wer mitleidet, ist selbst involviert und beeinträchtig in seinen Handlungen: Ein Arzt, der durch die schwere Krankheit eines Patienten selbst in Tränen ausbricht, wird kaum hilfreich sein können. Eine Lehrerin, die ganz niedergeschlagen ist wegen der schlechten Leistungen eines Kindes/Jugendlichen, wird kaum in der Lage sein, ihm zu helfen.

Somit ist die Trennung von »mitfühlen – mitleiden« und die »professionelle Distanz« keine Lieblosigkeit, sondern eine notwendige und letztlich förderliche Verhaltensweise in der Arbeit mit Menschen.

* Ein Patient sagt zu einer Krankenschwester, dass er morgen mit einem Kuss geweckt werden möchte. Lachend antwortet sie: »Ja, ich geb' dem Hausmeister Bescheid.«

Beziehungen

Zwischenmenschliche Beziehungen können liebevoll, freudig, ambivalent, belastend und destruktiv, gesundheitsfördernd und gesundheitsschädlich sein – und für manche Menschen ist es ein weiter Weg, von der ERziehung in der Kindheit zu einer BEziehung im Erwachsenenalter zu gelangen.

Die nachfolgenden Merkmale zeigen, wie Beziehungen förderlich gestaltet werden können:

Selbstständigkeit	für sich selbst sorgen
Empathie	einfühlsam für sich und andere sein
Pflege/Fürsorge	physisch und psychisch sich selbst und andere versorgen und pflegen
Schutz	körperlich und seelisch unversehrt bleiben und anderen beistehen
Unterstützung	mehr Sicherheit haben und Erleichterung bewirken
Förderung	die eigenen Potenziale entwickeln und die der anderen ermöglichen
Führung	Vertrauen geben und sich anvertrauen
Orientierungshilfe	sich in der Welt zurechtfinden können und anderen dabei helfen
Rechte	bekommen, was einem zusteht
Pflichten	Verantwortung übernehmen
Begrenzung	die eigenen Freiräume schützen und die der anderen (be-)achten

Diese Variablen betreffen nicht nur Erwachsene in Beziehung zu ihren Kindern oder Lehrer in Beziehung zu ihren Schülern, sondern alle Menschen in allen Altersstufen und Lebensbereichen.

Des Öfteren jedoch pfuscht die ERziehung manchmal dazwischen:

* »Warum hast du bei der Kälte keinen Hut auf?«, fragte vorwurfsvoll die 92-jährige Mutter ihren 64-jährigen Sohn, als er sie im Seniorenheim am Heiligen Abend besuchte. Der Satz: »Ich mach mir Sorgen um dich« hätte ihm gutgetan.

Ich schaffe Erziehung nicht ab, sondern integriere deren »gute Seiten« in die Beziehung – im Gegensatz zur Erziehung im *strengen* Sinn – mit der Haltung und Einstellung, für sich zu sorgen und andere nicht zu verändern, sie in ihren Entwicklungen zu fördern, das heißt, in einer Balance zwischen *Ich-* und *Du*-Bedürfnissen zu sein.

Ich brauche *grundsätzlich* keine Erziehung (was nicht heißt, dass ich keine Anweisungen oder Appelle gebe: Vor der »roten Ampel« gibt es keinen Dialog, in Gefahrensituationen sind Verhinderung und Schutz die Maximen).

Damit wir Menschen uns entwickeln, wachsen und reifen können, braucht es bestimmte *Bedingungen*, die in zwischenmenschlichen Beziehungen (statt in Erziehungseinengungen) verankert sind und die sowohl das *Ich* als auch das *Du* betreffen:

* Freiräume für die Entwicklung statt Gängelung
* Anregungen von außen statt Einschränkungen und Verbote
* Entfaltungsweite statt Gefängnisenge
* Interesse, Fürsorge und Begleitung statt Verhinderung
* Vertrauen statt Misstrauen, Achtsamkeit statt Unachtsamkeit
* Begrenzung statt Grenzenlosigkeit
* Zuwendung und Schutz statt Gleichgültigkeit

In förderlichen Beziehungen lernen Menschen Selbstständigkeit und Empathie als gesunde Verhaltensweisen, während in Erziehungsvorgängen

Gehorsam oder Widerstand, Retardierung oder Kontern ungesunde Umgangsformen sind.

Beispiel: Beziehung statt Erziehung

* Meine Frau und ich mussten unsere Tochter (damals 12) häufig ermahnen, den Hausschlüssel beim Verlassen des Hauses mitzunehmen, um Einlass zu haben, wenn wir nicht zu Hause waren. (Wir wohnten in einer verlassenen Gegend, ohne Straßenlicht.) Unsere Appelle zeigten keine Wirkung. Eines Tages, es war schon dunkel, klingelte sie. Ich sehe sie vom ersten Stock aus, öffne aber nicht, mit dem Ziel, ihr die Erfahrung zu vermitteln, wie wichtig die Mitnahme des Schlüssels ist. Erst nach zehn Minuten öffne ich. Sie sieht mich, zischt »Bist du fies« und verschwindet in ihrem Zimmer … Kurz vor dem Einschlafen setze ich mich an ihr Bett, schaue sie an. »Ich weiß schon«, sagt sie, »was du mir sagen willst.« Wir drücken uns fest. Seit dieser Zeit war sie »schlüsselautonom«.

Aus meiner Sicht ist dies eine »Beziehungsgeschichte«, weil unsere Haltung Sorge und Liebe waren, auch wenn die Handlung »fies« erschien: Es kommt in zwischenmenschlichen Beziehungen in erster Linie nicht auf die *Handlung*, sondern auf die *Haltung* an.

Für Lehrerinnen und Lehrer sowie Schülerinnen und Schüler ist Erziehung gesundheitsschädigend und entwicklungshemmend, weil es um Ziehen und Einwirken, um Gehorchen und Wachstumsverhinderung geht. Das Ziehen ist mindestens so anstrengend wie das Gezogenwerden.

Beziehung jedoch ist sehr förderlich und gesund, weil es um Wahrnehmen und Begleiten, um Freigelassensein und *Selbst*bestimmung geht.

Überall und demnach auch in der Schule finden Beziehungen statt. Und es liegt an den Betroffenen, ob sie sie gesund oder ungesund gestalten:

»Die deutsche Schule, ein mobbendes System« schreibt Wolfgang Vogelsaenger (2022) aufgrund der Erfahrungen und Berichte von Lehramtsstudierenden: Mobbing; Entwürdigungen, Diskriminierung, Demütigungen, Schikanieren, Quälen, Verletzen. Fünf Aspekte führt er an:

1. Die staatliche Schulpflicht führt zu mobbenden Strukturen.
2. Anforderungen von Prüfungsleistungen sind eine Schikane.
3. Schule als exklusives anstelle eines inklusiven Systems ist widersprüchlich.
4. Schule als mobbendes System garantiert keine Qualitätssicherung auf der Sach- *und* Beziehungsebene.
5. Die Rechte der Kinder werden häufig missachtet (Kinderrechtskonvention!)

… mit den bitteren Folgen, dass sich dergleichen Verhaltensweisen der Lehrpersonen via Modellerfahrungen auf die Schülerinnen und Schüler übertragen können.

Es geht auch mit Humor und Wertschätzung:

* Eine junge Frau (aus dem Abikurs) berichtet von einem Lehrer, der ihr nach einem Kursvormittag auf dem Gang freundlich sagte: »Moni, du bist wirklich ein Prachtmädl, das man gern haben muss. Aber in Mathe bist du leider kein Genie!« Da strahlten beide!

Ein Ende also mit dem *Erziehungs*auftrag (in) der Schule. Er ist kontraproduktiv, anstrengend, belastend und nachweislich gesundheitsschädlich – und hin zu zwischenmenschlichen Verhaltensweisen mit den wesentlichen Merkmalen Respekt, Wertschätzung, Empathie und Dialogfähigkeit.

Kommunikation

Früher war ich nicht immer in der Lage, so zu kommunizieren, dass es *mir* dabei gesundheitlich gut gegangen wäre. Ein Zuviel an Irritationen, gegenseitigen Vorwürfen oder Missverständnissen stellte sich als ungesund heraus. Bis ich einen Satz erfand, der für mich äußerst entspannend war: »Sei auf alles gefasst!« Von null bis hundert ist alles möglich:

* »Sind Sie schon lange Lehrerin?«, fragt ein Vater, worauf diese völlig irritiert ist und ihre Kompetenz infrage gestellt sieht. Dabei wollte der Vater das nur wissen, weil er – und andere Eltern auch – sich Sorgen machen müsste, wenn ihre Kinder bei ihr nicht genug lernen würden.

Wir können nicht sicher wissen, wie unsere Nachrichten beim Gegenüber ankommen und was sie bei ihm auslösen/bewirken. Es gibt keine Eins-zu-eins-Kommunikation im Sinne von: A wird gesagt und A kommt an!

Jede empfangene Botschaft ist auch das Konstrukt des Empfängers. Denn unsere Wahrnehmungen, hier speziell das Hören, und unser Verstehen sind sehr unterschiedlich geprägt und beeinflusst durch

- die genetische Disposition und Persönlichkeitsstruktur
- die Herkunft, den Kulturhintergrund, den Bildungsstand
- die eigene Lebensgeschichte, Schicksalsereignisse
- die zwischenmenschlichen Erfahrungen
- die persönliche Befindlichkeit und die momentane Situation
- die Art der Beziehung und das soziale Umfeld
- die Sprache/den Dialekt und den jeweiligen Kontext
- die Hörgewohnheiten, Fantasien, Motive und Absichten

* Als gebürtiger Bayer frage ich während eines Kurses in Hamburg die Teilnehmenden, ob ich verstanden oder zu viel Dialekt sprechen würde, worauf eine Teilnehmerin antwortet: »Nein, reden Sie nur so weiter. Erinnert mich immer an meinen Urlaub in Bayern.«

Es sind die genannten Variablen mit all den Erinnerungen, Erfahrungen, Gefühlen, die das Hören und Aufnehmen bestimmen, die gleichsam »dazwischenfunken« und dreinreden, wenn Menschen miteinander sprechen: Angenehmes, Unangenehmes, Erfreuliches, Unerfreuliches, Bloßstellungen, Verletzungen, Kränkungen aus der Vergangenheit werden wach und in der Gegenwart aktiviert.

Was Menschen aktivieren, haben sie nicht in der Hand und darüber keine Verfügung. Deshalb gehören zum Senden von Nachrichten auch das Bewusstsein und die Vorbereitung, »auf alles gefasst zu sein«. Dadurch gibt es höchstens Überraschungen für den Sender (»Das hätte ich jetzt nicht gedacht, dass …«), aber kaum Verletzungen und Kränkungen.

»Was ich gesagt habe, weiß ich erst, wenn ich die Antwort kenne.« (N. Wiener)

Stellen Sie sich Personen vor, die sehr unterschiedliche Variablen aufweisen:

Die Variablen	Person A	Person B
Persönlichkeit	dominant	zurückhaltend
Herkunft	einheimisch	ausländisch
Lebensgeschichte	meist sicher	meist unsicher
Bildungsstand	Akademiker	Arbeiter
Befindlichkeit	skeptisch	unzufrieden
Art der Beziehung	distanziert	zugänglich
soziales Umfeld	zivilisiert	ordentlich
Sprache	elaboriert	volkstümlich

Wie wird wohl die Kommunikation der beiden Personen verlaufen?

Mitteilungen	Reaktionen
»Sie sollten sich mal mit der Hirnforschung befassen!«	»Das überlasse ich Ihnen. Sie haben mehr davon als ich.«
»Ich komme super bei dir mit.«	»Willst du dich bei mir einschmeicheln?«
»Streng dich an! So schaffst du nie das Abi!«	»Das liegt an Ihnen. Sie erklären so schlecht.«
»Bei Frau T. war unsere Tochter besser in Mathe.«	»Da hat sie sich wahrscheinlich auch mehr angestrengt.«
»Ich arbeite gern mit dir zusammen.«	»Warum sagst du mir das?«

Um das, was beim anderen ausgelöst wird, nicht zu übergehen, sondern es eventuell aufzugreifen und verständnisvoll darauf zu reagieren, ist es wichtig, »kleinschrittig« zu kommunizieren. Auf ein kommunikatives »Ping-Pong-Spiel« übertragen, heißt das: Dem Gegenüber nicht die Bälle hintereinander Schlag auf Schlag um die Ohren hauen, sondern ihm Gelegenheit geben mit dem Ziel, mitzuspielen: auf beiden Seiten »Ball um Ball« oder »Satz für Satz«, Schritt um Schritt miteinander zu reden. Für mich ist dies auch ein Akt des Respekts vor der Lebensvielfalt des anderen, vor seinen Gedanken, Gefühlen, Ansichten, die ich ernst nehme. Zudem braucht das Gegenüber Zeit zum Aufnehmen, »Verdauen« und Antworten.

* Fünfte Klasse. Sie bekommt einen neuen Lehrer. Kaum hat er das Klassenzimmer betreten, fragt ihn auch schon einer, ob er denn ein guter Lehrer sei. Darauf geht der Lehrer zum Pult, nimmt das Klassenbuch und trägt ein: »Peter K., Eintrag wegen Provokation«.

So ist das mit dem Ich und den vielen Dus, gleich am ersten Schultag: Die einen begrüßen Sie freundlich, andere stellen Ihnen Fragen, wieder andere bemerken Sie nicht einmal – und es gibt auch die, die gleich mit Ihnen ihre Kräfte messen wollen …

* Sie kommen als »Neue/Neuer« in das Klassenzimmer und es passiert Folgendes:
a) Die Klassenzimmertür ist ausgehängt worden, lehnt an der Wand, fragende Gesichter: Wie er/sie wohl reagieren wird?
b) Auf meinem Pult liegt ein Blumenstrauß. Alle schauen mich an, erwartungsvoll …
c) Ich komme nicht einmal dazu, Guten Tag zu sagen, weil »Chaos herrscht« und ich kaum wahrgenommen werde.
d) Ich stelle mich der Klasse vor. Darauf sagt der Klassensprecher: »Sind Sie auch so gut wie unsere frühere Englischlehrerin?«

Auf der *Beziehungsebene* geschieht Entscheidendes: Erwartungen, Neugier, Vorurteile, Empfindungen, Gefühle, Übertragungen, Fantasien … die sich dann in entsprechenden Verhaltensweisen auswirken.

Zum wichtigen Satz: »Sei auf alles gefasst!«, der Verletzungen vermeiden hilft und deshalb auch schützt, gesellt sich nun eine Variante, nämlich der sogenannte »kommunikative Dreifachschlüssel« (KDS), ein hilfreiches Instrument, weil mit ihm menschlich und kooperativ agiert/reagiert wird statt provokativ und destruktiv zu sein, und zwar vor allem in Situationen, die für Sie überraschend sind. Sie können immer (meistens)

(I) die Situation wahrnehmen und etwas von sich mitteilen.
(II) empathisch/einfühlsam auf das Gegenüber eingehen.
(III) bei verbalen und körperlichen Übergriffen Grenzen setzen.

Mit diesem Dreischritt können Sie in *Kurzzeitkommunikationen* immer reagieren. Gesund daran ist, dass Sie gelassen, entspannt bleiben können, weil Sie nicht »in Rage geraten« oder ausflippen, weil Sie bei sich bleiben können und nicht unter Zwang stehen:
   Siehe Beispiel (oben) »Klassenzimmertür«:
1. Jetzt bin ich aber überrascht; baff … Das hätte ich nicht erwartet …
2. Da war euch jetzt wohl langweilig! Keinen Bock auf Lernen …
3. Jetzt warte ich (so und so lange), bis die Tür wieder eingehängt ist.

* Ich habe die »Türaktion« oft in meinen Trainingskursen spielen lassen. Am meisten waren die TN frappiert, wenn die jeweiligen Protagonisten nicht empört reagierten, sondern gelassen und sogar verständnisvoll waren. (Die Tür war immer rasch von Schülerseite eingehängt. Humor zeigt meistens positive Wirkung.)

Bei der Anwendung können nun, je nach Mitteilung, eine, zwei oder alle drei Antworten zur Sprache kommen. Ebenso ist die Reihenfolge abhängig von der Art der Mitteilung. Zum Beispiel steht bei verbalen Entgleisungen (III), Grenzen setzen, an erster Stelle: »Ich möchte nicht, dass Sie so mit mir reden.« – Oder: »Nicht in diesem Ton!« Wenn jemand mit Ihnen über seine Sorgen redet, dann ist es angemessen, empathisch zu reagieren (II), zum Beispiel: »Es ist schwer für Sie …«

Zwei *kommunikative Instrumente* zur »Gesunderhaltung« also, »auf alles gefasst sein« und der »kommunikative Dreifachschlüssel«. Keine Ängste mehr beim Einschlafen in Hinblick auf den Unterricht am nächsten Tag, kein Bammel auf dem Weg ins Klassenzimmer, Offenheit und Klarheit am Elternabend, Gelassenheit in Konfliktsituationen, jedoch etwas Training:

* Ein Fremder erkundigt sich in Berlin bei einem Einheimischen, wie er denn rasch zu den Berliner Philharmonikern käme, und bekommt zur Antwort: »*Üben, Üben, Üben!!!*«

Immunisierung

Zu den beiden Instrumenten gesellt sich ein drittes, die sogenannte Immunisierung, insgesamt eine kommunikative Trias, die fast eine Gesundheitsgarantie ist – und die dem informativen Appell »Auf alles gefasst sein« sehr nahe kommt, weil auch dieser in gewisser Weise immunisiert.

Bespiel Immunisierung
Als Reaktion auf Vorwürfe, Beschimpfungen gibt es drei Möglichkeiten:
1. *Eingreifen aus dem Affekt:* Sie sind Ihren Emotionen ausgesetzt/ausgeliefert und agieren unkontrolliert, zum Beispiel: Aus Wut heraus reagieren Sie auf Beschimpfungen selbst wiederum mit Beschimpfungen, aus »Rache« schlagen Sie zu, handeln unangemessen und bestrafen, aus Verletztsein verletzenSie selbst …
2. *Eingreifen mit »Kopf, Herz und Hand«:* Sie reagieren kontrolliert, indem Sie deutlich die Grenzüberschreitung stoppen, deeskalierend reagieren, beruhigend wirken, abwarten, verstehen, nachfragen, ggf. klären … selbst Betroffenheit, Ärger, Enttäuschung zeigen.
3. *Probleme klären,* ins Gespräch kommen, Lösungen anbieten.

Das Handlungsmodell Transformation besteht darin, dass die Vorwürfe,

Beschimpfungen … transformiert werden, und zwar von der *Affektstufe* (I) über die *Gefühlsstufe* (II) zur *Problemstufe (III)*:

Struktur	Handlungsreaktion
Stufe I: Affektstufe	*Verhalten stoppen*
Sie Riesenarschloch; verpiss dich	»Nicht in diesem Ton …«
Ich könnte ihn abwürgen und	Das Gesagte zulassen
an die Wand drücken	Es transformieren
Stufe II: Gefühlsstufe	*Nachfragen, empathisch sein*
Wut, Zorn, Enttäuschung	»Dann muss etwas Schlimmes
	passiert sein, wenn Sie …«
Stufe III: Problemstufe:	*Problem ansprechen*
Ich komme nicht klar, bin hilflos …	Was ist konkret passiert?
Ich weiß nicht mehr weiter …	Darüber möchte ich mit
Ich bin verzweifelt …	Ihnen reden …«

→ Vordergründig: Gewalt, Ausschreitung …, hintergründig: Not, Problem. Häufig gilt: Je stärker die Vorwürfe und Beschimpfungen sind, desto größer ist die Not.

Es wird deutlich, dass Menschen, vor allem, wenn sie in Konflikte geraten, unter Stress stehen, erschrocken sind oder sich bedroht fühlen, »eigentlich« etwas ganz anderes meinen, als sie sagen bzw. tun. Verbale Attacken und körperliche Tätlichkeiten erscheinen so in einem anderen Licht, und Täter können besser verstanden werden.

Zur Klarheit: Beschimpfungen anderer *verstehen* und sie deuten (= entschlüsseln) heißt nicht, sie einfach hinzunehmen, und ist kein *Freibrief* anderer für Beschimpfungen, nach dem Motto: Der/die hat ja Verständnis, den/die kann man ungehindert beschimpfen!

Deshalb: Transformieren Sie und entscheiden Sie im Bedarfsfall: Zuerst stoppen und dann verstehen – oder zuerst verstehen und dann stoppen bzw. Klärung herbeiführen – aber erst *nach* der Akutsituation bzw. Eskalation! (Im Affektzustand können Menschen schwerlich rationalisieren und Probleme lösen.)

Wenn Sie über diese drei Stufen und die tieferliegenden Gründe Bescheid wissen, können Sie folgenden Dreischritt tätigen:

(I) auf die Vorwürfe und Beschimpfungen selbst wiederum mit Vorwürfen und Beschimpfungen reagieren

(II) die dahinterliegenden Gefühle/Gedanken eruieren (zum Beispiel durch Erfragen), aufgreifen, sie akzeptieren und einfühlsam sein

(III) die Hilflosigkeit und das persönliche Problem der jeweiligen Person verstehen und ihr lösungsorientiert helfen

Die *Immunisierung* besteht darin, das Transformationsmodell anzuwenden, das heißt, sich der drei Stufen bewusst zu werden. Wer genug Selbstbewusstsein und Selbstwertgefühl hat, der hält auch die Beschimpfungen anderer aus, weil er sie nicht auf sich bezieht = »Ich ziehe mir den Schuh nicht an«, sondern weil er sie als Ausdruck der Gefühle und Probleme *des Anderen* »entschlüsselt«.

PS: Zur Stufe I: Ich höre affektive Äußerungen nur noch *akustisch*, weil ich nicht das bin, als was ich bezeichnet werde. Dies zu können, braucht viel Übung. Deshalb: Gleich mit dem Training beginnen.

Mit ihm können Sie sowohl Angriffe anderer »übersetzen« (= *inter*kommunikativer Vorgang) als auch eigenes Angriffsverhalten »durchschauen« (= *intra*kommunikativer Vorgang).

Demnach hat Ihre »Transformation « mehrere Ziele:

* Verstehen der Vorwürfe, der Angriffe, der Beschimpfungen
* Schutz vor diesen Angriffen (weil Sie sie anders deuten)
* Förderung des eigenen sozialverträglichen Handelns, indem Sie die Stufe I meiden und die Stufen II und II aktivieren
* Umlernhilfen geben: Trainieren Sie mit Schülerinnen und Kollegen das Transformationsmodell: »Von der Beschimpfung zum fairen Gespräch« (siehe R. Miller: »Du dumme Sau!« Ein Schülerarbeitsheft. Karlsruhe, Schulwerkstatt-Verlag, 2013).

→ Von wem ich mich beschimpfen lasse, bestimme ich!
Das heißt: Ich bin immunisiert!

* Ein Lehrer: »Neulich rastete eine Schülerin aus und sagte zu mir, ich sei das größte Arschloch in der Schule. Früher hätte ich mich darüber furchtbar aufgeregt. Inzwischen kann ich ‚transformieren‘ und mich schützen (= Ich bin kein Riesenarschloch.) und mit ihr über ihr Ausrasten reden. Am Ende hat sie sich sogar entschuldigt.«

* Ein Mädchen kam zu mir in die Beratung, freiwillig, weil sie oft beschimpft würde, ihr Zettel in die Tasche geschmuggelt wurden mit schlimmen Wörtern, und nannte mir u. a. »Du blinde Kuh!« (weil sie schlecht sah und eine Brille trug). Ich stellte ihr zwei Fragen: Bist du eine Kuh? – Nein!!! – Bist du blind? – Nein!!! Ich trainierte mit ihr noch einige Sätze und vereinbarte mit ihr, die Zettel als Schmuggelware zu lesen und nicht als Beleidigungen. Sie ging sehr erleichtert nach Hause – und schrieb mir einige Tage später u. a.: »Die Zettel schreibe ich ab und lache darüber, was denen alles Blödes einfällt.« Danke!

* Ein Schüler sagt auf dem Gang zur Schulleiterin: »He, du Hure, bist du heute schon gefickt worden!?« – und bekommt zur Antwort: »Was du gesagt hast, geht bei mir links rein und rechts raus.« Dabei deutet sie mit der linken und rechten Hand auf ihre Ohren und sagt: »Und in der Pause werde ich mit dir über deine Frage reden.« Darauf der Junge: »'tschuldigung, 'tschuldigung, ist mir so rausgerutscht.«

Aus- und Weiterbildung

Diese beiden Begriffe haben nichts mit dem der Bildung im klassischen Sinne zu tun, schon gar nicht im Sinne von Wilhelm von Humboldt und Definitionen anderer gebildeter Menschen.

Ich biete seit Jahrzehnten Aus-, Weiter- und Fortbildungen an, nenne mich auch als Beziehungsdidaktiker Fortbildner und habe nie eine Kollegin oder einen Kollegen sagen gehört, sie oder er sei von einer Fortbildung »gebildet« zurückgekommen. Mein Arzt, der Steuerberater und meine Frau, die Apothekerin war, haben dies auch nie formuliert.

Der Begriff soll der Klarheit wegen bleiben, inhaltlich sagt er jedoch aus, was realiter *geschieht*: sich Wissen aneignen, Erfahrungen austauschen, Verhaltensweisen überprüfen, Tätigkeiten erlernen, Praktisches einüben, Handlungssicherheit verbessern. Kurzum, dadurch dem Beruf mehr Qualität geben, den Ausübenden mehr Kompetenzen vermitteln und insgesamt dem Wohlbefinden und der eigenen Gesundheit »Flügel verleihen«, mit dem Ziel, den Klienten und Patientinnen »mit Rat und Tat« zu helfen und – auf die Schule bezogen – als Lehrerinnen und Lehrer professionell den Beruf auszuüben.

In den letzten Jahren kamen vermehrt oder neu An- bzw. Herausforderungen und Belastungen hinzu: Schul-, Unterrichts-, Personalentwicklung, Teamarbeit, Inklusion, komplexe und vielfältige zwischenmenschliche Probleme, extreme Störungen (u. a. Mobbing), Kommunikationsformen im Internet, soziale Medien, didaktische Paradigmenwechsel, wissenschaftliche Erkenntnisse und fachliche Neuerungen, zeitliche Beschleunigungen und inhaltliche Überfrachtungen, Verwaltungstätigkeiten, unrealistische Erwartungshaltungen anderer, Globalisierungstendenzen.

Qualifizierte Fortbildung kann hier manches auffangen, darf aber reale Überforderungen nicht kaschieren.

Ich gehe im Folgenden auf vier Handlungsbereiche ein:

1. Die eigenen Fähigkeiten wahrnehmen
Nur wer sie kennt, kann auch erkennen, ob es sich um realistische Herausforderungen, um dringende Maßnahmen oder um innere/äußere Überforderungen handelt.

2. Sich den Herausforderungen stellen

In jedem Beruf gibt es Alltagsroutinen und Aufgaben, die unter normalen Bedingungen erfüllt werden können. Eine umfassende Berufsaus- und fortbildung sind u. a. Garant dafür, unbeschadet zu arbeiten. Es gibt aber auch An-/Herausforderungen, denen man sich stellen muss und die u. U. an die Grenzen der Belastbarkeit gehen.

Soweit die Klärung der Herausforderungen. Damit sie nicht in (gesundheitsschädliche) Überforderungen »kippen«, ist es notwendig, diese Grenzüberschreitungen zu erkennen.

3. Innere Überforderungen erkennen und sich selbst entlasten

Sie haben meist ihren Ursprung in der Kindheit, in der Menschen von außen (Elternhaus, Schule) sogenannte Antreiber ausführen: »Lass dich nicht so gehen!« – »Erfülle deine Aufgaben!« – »Mach dein Abi!« – »Aufgeben ist Schwäche.« Sie werden dann zu sogenannten »inneren Antreibern«, weil sie verinnerlicht werden und sich ungesund auswirken. Sie können aber in positive Energien in Form akzeptierter Aktivitäten umgewandelt werden, indem man die Herausforderungen annimmt, sich jedoch von ihnen nicht überfordern lässt:
→ Aus dem früheren Druck und Gehorsam wird autonomes Handeln.

4. Äußere Überforderungen erkennen und Grenzen setzen

Die Überforderungen bestehen darin, sie gar nicht oder zu spät zu erkennen, keine Grenzen zu setzen und alles anzunehmen, was andere einem aufbürden. (»Man« will ja akzeptiert werden!)

Um Lehrerinnen und Lehrer zu zeigen, ob sie in der Lage sind, Grenzen zu setzen, statt alles auf sich zu nehmen, demonstriere ich folgende *Übung:*

Eine Lehrerin bzw. ein Lehrer sitzt auf einem Stuhl. Ich stelle mich dahinter, drücke mit beiden Handflächen auf ihre bzw. seine Schulter, immer stärker – und warte auf ihre bzw. seine Reaktion. Ergebnis: Viele der Probandinnen reagieren kaum und lassen sich meine »Belastung« gefallen. Im Gespräch fragen sie dann: »Ja, hätte ich mich denn wehren dürfen?« Es scheint »normal« zu sein, Aufgebürdetes zu (er-)tragen ... und Ja zu sagen.

Empfehlungen
Ohne Überforderungen leben, indem Sie

* modifizieren statt »draufsatteln«: Nicht »mehr« heißt die Devise, sondern »anders«, was bedeutet, dass die Annahme von Neuem *gleichzeitig* die Abgabe von Altem nach sich ziehen muss, auch wenn andere dann frustriert, enttäuscht, beleidigt, beleidigend oder aggressiv reagieren. Ein starkes Ich hält dies aus. Zudem nützt es niemandem, wenn Überforderte in absehbarer Zeit das Handtuch werfen (müssen).

* delegieren statt behalten: Dies bedeutet, die Fähigkeit der Delegierenden »abzugeben« (was für »Mächtige« und »Berufshelfer« bisweilen schwer ist) *und* Vertrauen zu haben in die Selbstständigkeit, Kompetenz und Motivation der Delegierten.

* sich abgrenzen statt alles annehmen: Wer sich nicht abgrenzen kann, erleidet Selbstverlust; Allesannehmer überfordern sich permanent, Abgrenzer sorgen für sich und ermöglichen anderen Selbsterfahrungen und Selbstständigkeit.
→ Herausforderungen in allen Fort- und Weiterbildungen annehmen, Grenzen erkennen und Ablehnungen ohne Schuldgefühle praktizieren. Dies sind die besten Voraussetzungen, beruflich und privat Wege gesund zu begehen und Ungesundes zu eliminieren.

* Ein Lehrer am Ende eines Fortbildungstages: »Dies war die erste Tagung, bei der ich keine Kopfschmerzen hatte.«

Fort-Bildung lohnt sich für beide Seiten.
Die Aus- und Weiterbildung lösen bei Lehrerinnen und Lehrern Zustimmung und/oder Ablehnung aus:

- Zustimmung, wenn und weil sie »Erfolg, Zufriedenheit und Gewinn« durch Teilnehmerorientierung, Praxisnähe, Wissenszuwachs, Erweiterung der Handlungssicherheit und kollegialen Austausch von Erfahrungen gebracht haben. Freude kommt auf!
- Ablehnung, wenn und weil sie »Zeitvergeudung, Langeweile und Frustration« durch Theorielastigkeit, Praxisferne, Präsentation von Altbekanntem und Methodenmonotonie gebracht haben. Schade, lautet der Tenor.

Aus- und Weiterbildung kann nur dann erfolgreich sein, wenn ihre Inhalte aus den Reihen *der Lehrerschaft* eruiert und methodisch entsprechend präsentiert werden.

Deshalb ist der »Königsweg« die *schulinterne Fortbildung* (SCHILF!) mit Expertinnen aus den eigenen Reihen und ergänzende Fortbildung mit Experten von außen.

SCHLUSS: LEBENSWEISEN

Die Schule in der jetzigen Gestalt und Form hat – nach fast einem Jahrhundert – ausgedient und unterliegt einem umfassenden Paradigmenwechsel ungeheuren Ausmaßes. Sie ist nicht mehr eine Anstalt der Bildung und der Vorbereitung auf zukünftige Berufe. Globalisierung und Digitalisierung haben das Heft (!) in die Hand genommen. Die Welt, in der Menschen, Tiere und Pflanzen *leben*, hat sich *gewaltig* verändert, und unser *Über*leben hängt davon ab, wie uns die Nachhaltigkeit als generelle Grundhaltung gelingt. Das Finanzwesen, die Wirtschaft, die Industrie, die Technik, die Forschung, die Kultur beeinflussen das Weltgeschehen, berühren, verändern und bedrohen unsere persönliche Existenz und unsere zwischenmenschlichen Beziehungen. Konflikte, Machtmissbrauch, Rücksichtslosigkeit, weitreichende Destruktionen und verheerende Kriege sind die Ursachen dafür, dass unser Planet immer mehr zerstört wird.

Auf die *Schule als Institution* und auf die Kinder, Jugendlichen und Erwachsenen kommen gewaltige und vielfältige Herausforderungen zu. Ich nenne drei gravierende Paradigmen, die das System in die Lage versetzen, verantwortlich zu denken und erfolgreich zu handeln:

Die Gegenwart ist die Zukunft

Durch die oben genannte Gesamtsituation unserer Erde hat die Schule keine Chance, in alten Mustern die Schülerinnen und Schüler – wie es bisher hieß – auf das Leben vorzubereiten. Die Schule *ist* das Leben, die Zukunft *ist* längst Gegenwart, und dadurch beantwortet sich die Frage, was Aufgabe der Schule ist: Ein Ort des *Lernens* mit Inhalten und Verhaltensweisen, die es ermöglichen, im *Jetzt* überlebensfähig, möglichst gesund und partiell sogar glücklich zu sein, persönlich, sozialverträglich und weltumfassend. Sie muss aufhören, die Schülerinnen und Schüler als Objekte zu behandeln. Sie muss sie vom Pflichtunterricht befreien und Dienstleister für Subjekte sein. Nicht das System ist die Nummer eins, sondern es sind die Lernenden und die Lernbegleitenden. Dann werden Fähigkeiten und mit ihnen Qualitäten entstehen, die es ermöglichen, Berufe ohne Erwerbsdruck zu ergreifen, die jedoch einen Sinn haben und freies Entscheiden zulassen.

Die Schule ist Stätte des multiplen Lernens

Und das heißt, inhaltlich all das anzubieten, was den Kindern, Jugendlichen und Erwachsenen (Lernbegleitende und Eltern oder andere externe Expertinnen und Experten) im Jetzt, in *deren Lebenswelt*, digital wie analog, begegnet und ihnen hilft, ihre Lebenswelt zu bewältigen:
- Kulturgüter wie Lesen, Schreiben, Rechnen, Theater, Musik und Kunst
- Aspekte aus Wirtschaft, Industrie, Handel und Finanzen
- Kontakte zu bestehenden Berufen aller Art: Handwerk, Dienstleistungen, Technik, Forschung
- Verhaltensweisen, wie Selbstbewusstsein, Wertschätzung, Respekt, Hilfsbereitschaft, Empathie, Abgrenzung
- körperliche, geistige und seelische Tätigkeiten: Bewegung, Sport, Tanz, Sprachen, Literatur, Philosophie, Meditation
- soziale Angebote, wie gegenseitige Lernbegleitung, Unterstützung, Erkundigungen, Hilfs- und Pflegedienste, verantwortliche Freiräume

Und damit ein Ende mit den Jahrgangsklassen (häufig 30 Lernende, eingepfercht in zu kleinen Räumen), mit festgesetzten Lehr- und Stundenplänen, traditionellen Fächern, Klassenarbeiten und Prüfungen – und dafür Einzel-, Partner- und Gruppenarbeit mit Methoden wie Forschungen, Projekten, Exkursionen, Präsentationen, Ideenvielfalt, Diskussionen, Konstruktionen und Lösungsorientierungen.

Das System Schule und die Personen: eine gesunde Partnerschaft

… die sich dadurch bemerkbar macht, dass Zwangsmaßnahmen, Durchsetzungs- und Aufsichtsmentalität sowie Hierarchiebestrebungen auf der einen Seite und Gehorsam, Autonomiescheu und Lethargie auf der anderen weichen und dem Dialog und der Kooperation Platz machen. Der Beruf wird dann zur Berufung, das Lehren zur Lernbegleitung, der Widerstand zur freiwilligen Anpassung, die getrennten Sololäufe zu Vereinbarungen.

Die einen werden nun bestätigend nicken, andere sehen sich bereits auf neuen Wegen, wieder andere schütteln den Kopf! Keine Frage, das alles wird viel Umlernen, Energien und Finanzen kosten:

- Die meisten (alten) Schulen, kasernenartig, sind inzwischen zu Nachhaltigkeitskillern geworden und werden zu pädagogischen Lernhäusern mutieren.
- Eine Fülle von rechtlichen Fragen werden diskutiert werden.
- Abschiede von Altem werden Protest, Wut und Tränen erzeugen, aber auch Aufatmen, Erleichterung, letztlich Entlastungen.
- Die Hochschulen und Universitäten werden ihre Aus- und Weiterbildungskataloge, Forschungsvorhaben und Seminare überdenken und revidieren.
- Die permanente Weiterbildung der Lehrkräfte (derzeit 800.000 in der BRD) wird Unmengen an *Geld* und *Zeit* kosten und Erleichterung *und* Ablehnung hervorrufen, auch Zufriedenheit, Entlastungen, Genugtuung und Freude.

* Ein Mann sägt voller Mühen an einem Baum. Ein Passant empfiehlt ihm, sein Sägeblatt zu schleifen, und bekommt zur Antwort: »Dafür habe ich keine Zeit!«

Lehrerinnen und Lehrer werden ihre Berufsbezeichnung äußerlich beibehalten, innerlich jedoch kaum mehr lehren, sondern Lernmoderatoren im Kontakt mit anderen Lernexperten sein.

Und alle werden lernen, mit ihren Idealen und der Realität klarzu-kommen. Dann sind Gesundheit, Zufriedenheit und Glücksmomente ihre Freundinnen.

Meine Prophetie, mein Wunsch: die Zeit wieder als ein hohes Gut zu entdecken.

Literaturverzeichnis

Arntz, V.: Fangt an, über Lernen nachzudenken. In: Pädagogik 6/2022. Weinheim, Beltz 2022, S. 10-13.

Bauer, J.: Lob der Schule. München, Heyne, TB, 10. Aufl. 2008.

Berkemeyer, N. u. a.: Schule gemeinsam gesund gestalten. Weinheim, Beltz 2020.

Blom, Ph.: Der taumelnde Kontinent. Europa 1900–1914. München, DTV, 8. Aufl. 2018.

Burow, O.-A.: Schule der Zukunft. Sieben Handlungsoptionen. Weinheim, Beltz 2022.

Falck, J.: Ist die 35-Stunden-Woche ein Erfolgsmodell für Schulen? In: Pädagogik 5/2022. Weinheim, Beltz 2022, S. 42-45.

Harari, Y. N.: Eine kurze Geschichte der Menschheit. München, Pantheon, 37. Aufl. 2013.

Hirschhausen, E. von: Mensch, Erde. München, DTV 2021.

Koerrenz, R./Berkemeyer, N.: System Schule auf dem Prüfstand. Weinheim, Juventa 2020.

Miller, R.: 99 Schritte zum professionellen Lehrer. Seelze, Klett/Kallmeyer, 6. Aufl. 2013.

Miller, R.: Als Lehrer souverän sein. Weinheim, Beltz, 2. Aufl. 2017.

Miller, R.: Beziehungstraining. Weinheim, Beltz 2015.

Miller, R.: Frei von Erziehung, reich an Beziehung. Freiburg, Centaurus 2013.

Miller, R.: Sich in der Schule wohlfühlen. Weinheim, Beltz, 5. Aufl. 1992.

Pädagogik 5/2022: Digital gestützt unterrichten. Weinheim, Beltz 2022.

Precht, R. D.: Freiheit für alle. München, Goldmann, 2022.

Rasfeld, M.: Frei Day. Die Welt verändern lernen. Eine Schule im Aufbruch. Karlsruhe, Oekom 2021.

Vogelsaenger, W.: Die deutsche Schule – ein mobbendes System. Unveröffentlichter Aufsatz, Göttingen 2022.

Bereits vom Autor erschienen

Der Schulexperte, Kommunikationstrainer und Beziehungsdidaktiker Dr. Reinhold Miller widmet sich in seinem neuesten Werk der Sexualität und den verschiedenen Ebenen, auf denen sie von den Menschen erlebt wird: als Teil des menschlichen Seins, in der Kommunikation, aber auch in Situationen, in denen Macht und Gewalt im Rahmen der Sexualität ausgeübt werden. Dabei lässt er seine in der beruflich ausgeübten Beratertätigkeit gewonnenen persönlichen Erfahrungen mit einfließen, ebenso kann man Distanz einfließen lassen, die er aufgrund seines Theologie-Studiums zu der (teilweise immer noch) vorherrschenden klerikalen Sicht auf die Sexualität gewonnen hat. Es kommen viele Empfehlungen zum Einsatz, die ihm aus seiner beruflichen Tätigkeit vertraut sind. Aus dieser breit angelegten Perspektive heraus gelingt es ihm, stärkende und probate Handlungsweisen überzeugend zu vermitteln.

Beim letzten Thema, der Sexualität im Alter, lässt er uns teilnehmen an seinen Erfahrungen, da seine Frau ihre letzten Jahre in einem Heim verbrachte und beide Ehepartner aufgrund der Pandemie schmerzvolle Zeiten der Trennung erfahren mussten.

ISBN: 978-3-7562-8929-5 | € 12,00 (D) CHF 17,90